THE教師力ハンドブックシリーズ

アクティブ・ラーニング入門

会話形式でわかる『学び合い』活用術

jun nishikawa 西川 純 著

明治図書

まえがき

　最近,アクティブ・ラーニングという言葉を聞くようになったと思います。気になっていますよね。でも,「まあいいや」と思っているのではないでしょうか？

　私ぐらいの年代の方だったら,総合的な学習の時間が入る直前・直後の状況を覚えている方も多いと思います。その頃,先生方は総合的な学習の導入に戦々恐々としていました。先進的に総合学習を実践している学校の発表会には,全国各地の先生方が集まってきました。大きな本屋では本棚１つ,２つが総合学習に埋め尽くされていました。みんな「な,何をすればいいの？？？」でした。

　では,今はどうでしょうか？

　総合的な学習の時間を銘打った研究会は激減しました。また大きな本屋でも総合的な学習の時間の本がほとんど見られません。総合的な学習の時間は今も行われています。なぜでしょうか？

　多くの先生方が,「ま,そこそこのことをすればいいのね」と気づいたのです。

　道徳の教科化がはじまります。では,総合的な学習の時間と同じ状況でしょうか？例えば大きな本屋で道徳本はどれだけを占めているかをみなさんはご存じでしょうか？現在,道徳関係の本で商業的に成功しているのは小学校と中学校のそれぞれ１シリーズぐらいなのです。なぜでしょうか？

　多くの先生方は「ま,そこそこのことをすればいいのね。と

りあえずすぐ使える単元別の具体例が豊富な本があれば十分」と思っているのです。

　この予想はたいていの場合は正しいです。なぜなら，教育は日本最大の事業です。それを職業とする教師は百万人近くいます。そのような膨大な人々が関わることが右から左に動くわけありません。学習指導要領がどれだけ変わっても，「そこそこでOKの抜け道」は常に用意されています。

　さて，アクティブ・ラーニングという言葉です。多くの教師は「そこそこのことをすればいいのね」と思っています。具体的には今までやっていた話し合い活動や総合的な学習を多少増やせば大丈夫だと思っています。

　しかし，今回は違います。「そこそこ」ではすみません。本当だったら，大きな本屋の本棚の半分ぐらいはアクティブ・ラーニング関係の本で占められなければならないほど，重大で目前の問題なのです。

　えっ？と思うと思います。

　本書の前半は現実に起こっていること，そしてこれから起こることを書いています。思いっきり暗くなると思います。ビックリすると思います。しかし，大丈夫です。後半ではそれからの脱出方法をお教えします。最後まで読みきって下さい。それが生き残る唯一の道です。そして，これから起こることを逆手にとって明るい道が展望できます。

目　次

まえがき —— 2

第1章　なぜ，アクティブ・ラーニングなのか？ —— 6
1. アクティブ・ラーニングってなに？ —— 8
2. 20年後，30年後の社会をイメージしましょう！ —— 14

第2章　大学教育改革から義務教育改革へ —— 22
1. 試験制度の変化 —— 24
2. 新しい試験のポイント —— 30
3. 小学校，中学校も逃げられません —— 34
4. 大学はどうするか？ —— 38

第3章　スーパーグローバル大学が学校制度を変える —— 44
1. 学校英語の意味・価値が激変！ —— 46
2. 英語教師，その他の教師も大変 —— 52
3. なぜ，グローバル化を急ぐのか？ —— 60
4. だからこそアクティブ・ラーニング —— 64

第4章　だからこそ『学び合い』！ ── 68

- 1　『学び合い』ってなに？ ── 70
- 2　グローバルは交流学習から ── 80
- 3　受験は団体戦 ── 86
- 4　アクティブ・ラーニングの4分類 ── 90
- 5　『学び合い』の利点 ── 96
- 6　今後は ── 104
- 7　読書ガイド ── 118

あとがき ── 120

――――――――― 登場人物 ―――――――――

 ：西川先生　　 ：田中先生

第1章

なぜ，アクティブ・ラーニングなのか？

　下村文部科学大臣の中央教育審議会への諮問（平成26年11月20日：初等中等教育における教育課程の基準等の在り方について）がニュースになったとき，初めてアクティブ・ラーニングという言葉に接した方も多かったと思います。そして，何か唐突であるように感じたのではないでしょうか？しかし，その文章を読めば，平成8年7月19日に発表された「21世紀を展望した我が国の教育の在り方について（第一次答申）」にある「生きる力」から流れる「主体」と一致していることに気づくと思います。

> 　我々はこれからの子どもたちに必要となるのは，いかに社会が変化しようと，自分で課題を見つけ，自ら学び，自ら考え，主体的に判断し，行動し，よりよく問題を解決する資質や能力であり，また，自らを律しつつ，他人とともに協調し，他人を思いやる心や感動する心など，豊かな人間性であると考えた。たくましく生きるための健康や体力

> が不可欠であることは言うまでもない。我々は、こうした資質や能力を、変化の激しいこれからの社会を［生きる力］と称することとし、これらをバランスよくはぐくんでいくことが重要であると考えた。

そして平成12年4月にあったG8教育大臣会合・フォーラムにおいて我が国は国際的にも改革の方針を国際表明しています。つまり、約二十年前からの考え方です。

この生きる力を育むために「言語活動の充実」を全教科で行うことを求めました。しかし、「言語」という言葉を使ったため、そのような主体的な学習は国語や英語でやればいいのではないかという誤解が生じました。

また、その国語や英語でさえも、言語活動が基礎・基本の上に成り立つという従来の考えに基づき、授業は従来のままでした。

そのような誤解がないように、アクティブ・ラーニングという、まだ手垢に汚れていない言葉を使ったのです。そして、その中に「協働」という考えを加えました。

さて、アクティブ・ラーニングとは何なのでしょうか？また、文部科学省はなぜ、約二十年間一貫して「生きる力」を求め続けているのでしょうか？表面的に読めば美辞麗句であり、建前論のように思えるでしょう。

しかし、違います。

① アクティブ・ラーニングってなに？

　アクティブ・ラーニングという言葉がチラチラ聞こえるようになりました。あなたはそれを知りたいとしたら，どんな本を読みますか？

　話し合い活動の本ですか？総合的な学習の時間の本ですか？違います。読むべきものは文部科学省などの公的機関が出す文書です。

田　中：西川先生，アクティブ・ラーニングという言葉をご存じですか？気になるのですが。話し合い活動でしょうか？

西　川：アクティブ・ラーニングという言葉の定義は，平成24年8月28日に発表された「新たな未来を築くための大学教育の質的転換に向けて～生涯学び続け，主体的に考える力を育成する大学へ～（答申）」の用語集に書いてあるよ。

田　中：それは大学の話ですよね？小中高には関係ないのではないですか？

西　川：後で説明するけど，凄く関係するんだ。文部科学省の定義がそこに書かれているよ。

田　中：それで何と書いてあるのですか？

西 川：ここにある。読んで。

> 　教員による一方向的な講義形式の教育とは異なり，学修者の能動的な学修への参加を取り入れた教授・学習法の総称。学修者が能動的に学修することによって，認知的，倫理的，社会的能力，教養，知識，経験を含めた汎用的能力の育成を図る。発見学習，問題解決学習，体験学習，調査学習等が含まれるが，教室内でのグループ・ディスカッション，ディベート，グループ・ワーク等も有効なアクティブ・ラーニングの方法である。

田 中：あまり，ハッキリしていないように思いますが。

西 川：そう。それがポイント。そして注目して欲しいのは「等」という言葉が入っているでしょ。

田 中：「等が含まれる」とか「等も有効なアクティブ・ラーニングの方法である」とありますね。しかし，これでは何でもアリになりませんか？

西 川：そんなことはないよ。「教員による一方向的な講義形式の教育とは異なり，学修者の能動的な学修への参加を取り入れた教授・学習法の総称。」とあるよ。そして主体的な学びであることを強調し，学習ではなく学修という言葉を使ってる。

田 中：アクティブ・ラーニングという言葉の定義を文部科学省の役人が決めるのは変だと思います。

西 川：あはははは。今紹介したのは中央教育審議会の答申だ

よ。つまり中央教育審議会の委員が決めたんだ。

田 中：しかし，アクティブ・ラーニングという言葉の定義は学術的に決めるべきなのではないですか？

西 川：数学や自然科学だったら，それを専門としている人たちの中で一致している定義はあるだろうけど，教育のような社会科学ではまずないね。

　例えば，先の文章の中で例示されている発見学習だって，問題解決学習だって，体験学習だって，調査学習だって，それを専門としている人が100人いたら100通りの定義があるよ。そして，それらを並列列記して，最後に「等」をつけているんだから。学術的に定義することは不可能だね。

田 中：何かいい加減なように思います。

西 川：じゃあ逆に聞くけど，田中さんはアクティブ・ラーニングという言葉をどのように定義するの？

田 中：一介の教師にそんなこと言われたって困ります。

西 川：ある文部科学省の教科調査官だった人から個人的に教えてもらったことだけど，日本の教育行政は日本の教師を有能であることを前提にしているんだよ。

　例えば，アメリカの教科書を見たことある？

田 中：大学の講義で見せてもらったことがあります。もの凄く分厚くて，充実していました。

西 川：なぜ，あんな風になっているかと言えば，アメリカはアメリカの教師を有能であることを前提としていないからだよ。だから，教師が駄目でも教科書を読めば分

かるようにしているんだよ。

田中：へ〜。

西川：その調査官から聞いたことだけど，「学習指導要領の縛りがキツいと言われるけど，その人たちは本当に学習指導要領を読んでいるだろうかと思うよ。学習指導要領は教師の裁量権を最大限認めている。例えば，これこれしなさいと書いてあっても，1やるか10やるか100やるかは教師の裁量権。ただ0は駄目だよ。逆に，これこれはしてはいけないと書いてあったらしてはいけない。しかし，そう書いていないものをやるのは自由。もちろん，学校長と保護者の理解を得られないものは駄目だけどね」と。

田中：へ〜。

西川：この種の文章を読むと，教師はすぐに「どうしたらいいの？」と方法に飛びつく。しかし，大事なのはそれが目指しているものなんだよ。具体的には，「学修者が能動的に学修することによって，認知的，倫理的，社会的能力，教養，知識，経験を含めた汎用的能力の育成を図る。」という部分が大事なんだよ。

　例えば，例示されている発見学習をやったとしても，「認知的，倫理的，社会的能力，教養，知識，経験を含めた汎用的能力の育成」がされなかったらアウトだよ。

田中：では，どうしたらいいのですか？

西川：本当は一介の教師こそが「学修者が能動的に学修する

ことによって，認知的，倫理的，社会的能力，教養，知識，経験を含めた汎用的能力の育成を図る」にはどうしたらいいかを考え，実践しなければならないよ。でも，田中さんがさっき言ったように，それは自分の仕事ではないと多くの教師が考えている。

　だから学習指導要領が都道府県，市町村，学校へ伝達されるどこかの段階で，具体的な「方法」がかっちりとつくられる。例えば，教育委員会が作成する「〇〇プラン」，「〇〇スタンダード」，「〇〇モデル」があるよね。その中には学習指導要領に基づいた到達目標を示しているけど，中には指導方法を事細かに決めている官製指導手順書みたいなのがあるよね。それらが実証的学術データに基づき作成されることはほとんど無いよ。改革をしなければならないとされている古い教育の実践において実績を上げ，評価された人が，自らの経験に基づき作成する。当然，古い教育の実践の枠組みの中で官製指導手順書を作成する。

　そもそもアクティブ・ラーニングという言葉で改革しようとしているのはなぜかと言えば，アクティブ・ラーニングで求めている「教員による一方向的な講義形式の教育とは異なり，学修者の能動的な学修への参加を取り入れた教授・学習法」の真逆の「教師による一方的な講義形式の教育で，学習者の受動的な学習参加を取り入れた教授・学習法」が今の教育の現状だということなんだよ。そこで実績を上げ，評価された人

が官製指導手順書を作成するのだから，今よりは少し変えた程度のものになるよ。最悪の場合，「最初に○○で○○のことを話し合わせる」，「次に教師が○○とまとめ」，「最後に○○で○○のことを協働する」というように，いつ，誰と，何を協働するかを教師が「能動的」に決め，学習者はその指示のもとに「受動的」にアクティブ・ラーニング（？）をすることになる。つまり，多くの教師にとっては「ま，そこそこのことをすればいいのね」というものになる。

田中：なるほど。

西川：日本の教育はもの凄く多くの人が関わっている営みだよ。文部科学省の一声で右向け右の人が全員だったら日本は危ういと思う。だから多くの人は「ま，そこそこのことをすればいいのね」でいいと思う。そして，そのような人のために官製指導手順書が作成される。しかし，一部の教師は「学修者が能動的に学修することによって，認知的，倫理的，社会的能力，教養，知識，経験を含めた汎用的能力の育成を図る」にはどうしたらいいかを考え実践しなければならないよ。そのために，中央教育審議会の答申ではアクティブ・ラーニングという言葉の定義の自由度を高めているんだよ。だからこそ多様な実践を禁止する官製指導手順書は，中央教育審議会の答申に反しているんだ。

② 20年後，30年後の社会をイメージしましょう！

　アクティブ・ラーニングという言葉が生まれたのはなぜでしょうか？そもそも生きる力とは何でしょうか？中央教育審議会の答申，また，学習指導要領を読む限りは美辞麗句，建前論としか思えません。

　この章を読み終わってから，もう一度，読み直してください。きっと別なものが見えると思います。

西川：田中さんの教えている子どもが大人として生きている20年後，30年後の社会はどんな社会だと思う？

田中：考えたこともありません。

西川：考えたこともない，と言うことは，大体において今と似たような社会だと思っているのでしょ？

田中：まあ，そうだと思います。

西川：そうだよね。
　　　私の小さいときのマンガには二十一世紀の様子が書かれていたよ。人は宇宙服みたいなものを着ていて，空には空中を移動する電車や車が見える。そんな絵だったよ。しかし，二十一世紀になってもそんな風にはならなかったね。

田中：私の子どものころにもそんな絵がありましたが，昔の

14

ままですね。

西川：しかし，大分変わっているよ。

田中：どんなところがですか？

西川：例えば，ネットを通じて人や情報と常に繋がり続けている。

田中：確かにそうですね。

西川：個人商店がほとんど無くなっているね。例えば，魚屋さんや八百屋さんがどこにあるか知っている？

田中：う〜ん。確かどこかで見かけたんですが……ハッキリとは思い出せません。

西川：そうだと思うよ。

　私の時代にはどの商店街にも魚屋さんと八百屋さんがあったよ。ところが，お客はスーパーに奪われた。そのスーパーも郊外型大型店にお客を奪われた。

　もしかしたら十年後の子どもに「八百屋」を見せても読めなくなるんじゃないかな〜。

田中：そういえば，個人商店がどんどんつぶれてしまっていますよね。昔は電気屋さんに頼んで家電を買っていましたが，今は家電量販店で買うのが普通になっていますね。

西川：今の家電は故障が少ないし，価格も安くなってきた。だから，故障を直すより買った方が安く上がる場合も少なくない。そうなると，故障対応で繋がっていた個人経営の電気屋さんより，価格が1円でも安い家電量販店で買うようになってしまうよね。

田中：ところで西川先生は何を言いたいのですか？

西川：子どもたちが大人として生活する社会は今と全然違う世界になるということだよ。

　おそらく宇宙人みたいな服は着ないだろうし，空に電車や車は飛んでいないだろう。でも，今とは全然違う世界だよ。

田中：どこが違うのですか？

西川：色々な人が予想しているけど，今ある仕事の半数以上が存在しなくなると予想している人もいるよ。

田中：え〜……。

西川：ググれば（インターネットで検索すれば）その手の情報がいっぱい出てくるよ。

　ロボットや人工知能の進歩が著しいよ。今までは工場での決まり切った仕事でロボットが仕事をしていた。しかし，もっと高度な仕事をロボットがこなすことになる。例えば，農業，漁業，工業，林業などの第一次産業はロボットに取って代わられるね。同様に製造業，建設業，電気・ガスなどの第二次産業もとって変わられる。既に受け付けロボットが現れているのだから，単純なサービス業も取って代わられる。だって，会話している限りは，「ちょっと変だな」ぐらいは感じるけどロボットだとは気づかないレベルのプログラムだったら，もう既に開発されているよ。

田中：そうかもしれませんが，我々教師の仕事はロボットには出来ません。

西川：そうかな？

　だって，黒板に板書するのだったらプロジェクターに映せば良いよね。というより，必要な情報を子どもたちのタブレットに転送すれば良いだけだし。

　発問だって，子どもたちのタブレットに送ればいい。今の授業では教師の発問は一通りだけど，コンピュータでやれば多様に同時並行で出来る。子どもたちはそれに対して選択肢で答えれば良い。いや，今はパターン認識能力が向上しているから，文字や音声で答えることが出来るだろう。今だってキーボード代わりに音声で入力する携帯があるのは知っているよね？

田中：しかし，ミスも多いです。

西川：そう。でも，今，私が言っているのは子どもたちが社会で活躍する20年後，30年後の社会だよ。その時代にも改良がなされないと思う？

田中：う〜……。

西川：人工知能機能を持てば利用者の癖を徐々に理解して正確になるよ。それにコンピュータが認識できなければ，「ゆっくり，ハッキリと言い直してください」と言えばいいんだよ。

田中：なるほど。でも，教師の仕事はそれ以外のものがあります。

西川：確かにね。でも，この一日，田中さんが言うところの「それ以外」の何をやった？

　やったとして全体の何パーセント？そして，子ども

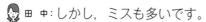

第1章　なぜ，アクティブ・ラーニングなのか？

たちの中の何人をその恩恵に浴せた？

田 中：う〜ん。

西 川：ネット上に多様な授業ビデオがあって，子どもたちは自由にそれを選択できる。コンピュータが発問し，子どもが解答する。その解答の正誤の記録を数年にわたって記憶し，そのデータに基づき次の発問を考える。これが人間に出来る？

田 中：出来ません。では，私たちは失業ですか？

西 川：そんなことはないよ。でも，「manavee」や「e-board」のような無料サービスは既にあることは忘れないでね。もう時間的余裕は無いんだ。我々は教師にしか出来ない仕事は何であるかを見極め，その職能を高めなければならない。

田 中：それは何ですか？

西 川：それは人の心に「やろう！」という火を灯すこと。そして，クラスを集団にして維持・発展させることだよ。

田 中：どうしたらいいのですか？

西 川：私は二重括弧の『学び合い』をしているけど，それは別の機会に話そう。

　とりあえず大事なのは，教師ですらロボットやコンピュータに取って代わられる可能性があるということだよ。従って，世の中の仕事の中で，ロボットやコンピュータに取って代わられない仕事がどれだけあるかを考えてみて。

田 中：もう，何が何だか分かりません。もしかしたら全部か

もしれません。

西川：全部ということはないけど，かなりの仕事が取って代わられる可能性があることが分かったよね？

田中：はい。

西川：そんな時代に子どもたちは大人になり，親になり，家庭を守らなければならないんだよ。どうする？

田中：どうしたらいいんでしょうか？

西川：打ち壊し運動があったのは歴史で勉強したでしょ。産業革命の時，機械の普及で職を失うことを恐れた人が機械を破壊した運動だよ。しかし，機械の普及は止められなかった。そのような機械の普及した社会で生き残れる仕事を今している。だから，ロボットや人工知能の普及を止められないけど，それが普及する時代において生き残る仕事に就職したら良いんだよ。そのために必要な能力を子どもに与えなければならない。

田中：どんな能力が必要なのですか？

西川：今の世の中で，それを一番必死になって考えている人は誰だと思う？子どもを育てている教師だって，そんなに考えていない。

田中：誰ですか？

西川：経済・産業界の人たちだと私は思っているよ。だって，そのことを見誤れば，多くの社員を失業させることになる。経営陣だって大打撃だよ。会社が生き残るためには，未来の社会において活躍できる人を社員として雇わなければならないからね。

田 中：なるほど。で，どんな能力が必要なのですか？

西 川：経団連（日本経済団体連合会）は平成23年1月18日に「産業界の求める人材像と大学教育への期待に関するアンケート結果」を発表した。そのなかで社会人に求められる基礎的な能力（社会人基礎力）として「主体性，コミュニケーション能力，実行力，協調性，課題解決能力等」であると述べているよ。

　それを受けて，経団連は平成25年6月13日に「世界を舞台に活躍できる人づくりのために」という提言を発表したよ。その中では「グローバル人材のベースとなる社会人に求められる基礎的な能力（主体性，コミュニケーション能力，課題解決能力等）は，初等中等教育段階からしっかりと身につけさせる必要がある。」と求めているんだよ。

　また，後で説明するけど入試改革に関して，「経済活動の現場では，答えのない課題について主体的に考え，答えを出す能力や，既成概念に捉われず，イノベーションを起こす能力などが求められている。そのことを踏まえ，大学入試は，これまでの知識偏重，1点刻みの「落とすための入試」から，学生の意欲，能力，適性等を多面的，総合的に判断できる制度へ転換を図ることが求められる。」と述べているんだ。

田 中：へ～。

西 川：経済同友会が平成27年4月2日に発表した「これからの企業・社会が求める人材像と大学への期待」では大

学教育に関して,「アクティブ・ラーニングの導入によるコミュニケーション能力の向上」,「様々な社会活動体験の増加：留学,インターンシップ,ボランティア」,「学生の能動的な学びによる学修時間の拡充」を求めているんだよ。

田中：あれ？さっき教えてもらった中央教育審議会の答申と凄く似ていますね。

西川：あはははは。気づいたよね。

中央教育審議会には各界から委員が出ているよ。その中には経済・産業界の人も含まれる。その人たちから今後の日本の生き残りの話が出れば,多くの委員はそれに耳を傾けるのは当然だよ。

もちろん,ずっと前から「生きる力」を推進したいと願っていた教育関係者が,経済・産業界の意見を追い風にして一緒になって議論に加わると思うよ。今までの教育の実践や学術研究で実績を上げ,既得権益があるのに,それを捨ててでも日本をよくしたいというサムライが中央教育審議会の中にはかなりいる。

文部科学省の諮問,中央教育審議会の答申は美辞麗句でも,建前論でもなく,日本の社会が生き残れるか否かの瀬戸際にいることを必死に訴えているんだよ。そして目の前にいる子どもたちが,20年後,30年後に失業するか,社会で活躍できるかの瀬戸際にあることを訴えているんだよ。

第2章

大学教育改革から義務教育改革へ

　文部科学省は中央教育審議会に次期学習指導要領のありかたを諮問し，中央教育審議会は答申し，それに基づき学習指導要領が改定されます。それぞれの答申には高い理想があり，願いがありました。

　しかし，先に述べたように，学習指導要領が都道府県，市町村，学校へ伝達されるどこかの段階で，中央教育審議会の願いが骨抜きにされた官製指導手順書に変質します。それらは，古い教育の実践をしている多くの教師が「ま，そこそこのことをすればいいのね」を合理化できる免罪符となります。

　官製指導手順書という「方法」に従ったか否かは評価されますが，答申や学習指導要領で求めているものが成立したか否かの評価は曖昧な場合が少なくないと思います。そのため「ま，そこそこのことをすればいいのね」でOKになります。

　さて，今回のアクティブ・ラーニングもそうなるでしょうか？おそらく多くの人はそうなると思っています。しかし，私はそうならないと思っています。

今回の学習指導要領の改定にあたって，布石がなされています。それが平成26年12月22日に中央教育審議会が出した「新しい時代にふさわしい高大接続の実現に向けた高等学校教育，大学教育，大学入学者選抜の一体的改革について」です。そして，それに対応した「高大接続改革実行プラン」であり，その中の「工程表」なのです。

　文部科学省が「工程表」まで出すのはそれほど多くありません。工程表とは，政権交代があっても何が何でもやる！という強い意気込みを示すものなのです。

　と書きましても，小学校，中学校の教師は「あ，大学と高校の話ね」と思っているのではないでしょうか？いや，高校の教師も，「まあ，進路指導の人には関係あるのかな」程度だと思います。

　しかし，この答申，そして工程表は，学習指導要領の改訂以上に，日本の教育の本質的な改革を確かにするものです。実は誰もが感じていたが，禁じ手と思ってしなかったことをこの答申では踏み込んでいるのです。

　もう一つポイントがあります。今までの学習指導要領は学習する内容に関する規定が主でした。教授方法を規定することに対してきわめて慎重でした。しかし，次の学習指導要領では，方法に関して規定する方向です。なぜでしょうか？本章で説明したいと思います。

1 試験制度の変化

「新しい時代にふさわしい高大接続の実現に向けた高等学校教育，大学教育，大学入学者選抜の一体的改革について」は大学入試制度と高校と大学の教育に関するものです。どのように変わるのでしょうか？

田 中：西川先生，日本や子どもたちが大変な状態にあることは「なんとなく」ですが分かりました。しかし，そんなことに対応できるでしょうか？「ま，そこそこのことをすればいいのね」で流されるのではないかと思います。

西 川：いや，今回だけはそうならないと思っている。というより，正直なところ，そうなっては大変だと思っているよ。

　ポイントは「新しい時代にふさわしい高大接続の実現に向けた高等学校教育，大学教育，大学入学者選抜の一体的改革について」という中央教育審議会の答申なんだよ。

田 中：初めて聞きます。聞く限りは小学校，中学校には関係ないように思いますが。

西 川：そうだよね。私もちゃんと読むまではそう思っていた

田中：よ。でも，読んでみてびっくりしたんだよ。
田中：どんなことを書いているんですか？
西川：その前に理解して欲しいことがある。公的な文章で断言するということはものすごい責任を伴うものなんだよ。

　例えば，学習指導要領である実験をしなさいと書くときには，文部科学省の担当者は日本中の学校でその実験が出来るだけの実験器具がそろっているかを確認し，それが不足している場合，それを早急にそろえられるだけの予算を財務省から引き出せなければならない。それが確実になったとき，「しなさい」と書けるんだ。

　前に話したとおり，アクティブ・ラーニングに関して「発見学習，問題解決学習，体験学習，調査学習等が含まれるが，教室内でのグループ・ディスカッション，ディベート，グループ・ワーク等も有効なアクティブ・ラーニングの方法である。」と書いてあることを紹介したよね。あの文章の中で様々な教授・学習法を並列表記し，「等」や「も」まで付け加えているのはなぜかと言えば，もし断言したらそれしか許さないということを意味するんだよ。そして，その結果として成果が出なかったとき，国会で追及されるのは文部科学大臣であり，文部科学省だよ。

　だから国レベルの公的文章の中で断言・限定している部分があるならば，それだけの裏付けがあり，それ

田　中：なるほど〜。で，何が変わるのですか？

西　川：センター入試が廃止され，それに代わる二つのテストが導入されるんだ。一つは「高等学校基礎学力テスト（仮称）」ともう一つは「大学入学希望者学力評価テスト（仮称）」だよ。

田　中：へ〜，センター入試が廃止されるのですか。

西　川：「高等学校基礎学力テスト（仮称）」で基礎学力をちゃんと評価する。その上で，「「大学入学希望者学力評価テスト（仮称）」の成績に加え，小論文，面接，集団討論，プレゼンテーション，調査書，活動報告書，大学入学希望理由書や学修計画書，資格・検定試験などの成績，各種大会等での活動や顕彰の記録，その他受検者のこれまでの努力を証明する資料などを活用することが考えられる。「確かな学力」として求められる力を的確に把握するためには，こうした多元的な評価尺度が必要である。」と答申では書かれている。

　なお，調査書に関して「「高等学校基礎学力テスト（仮称）」の結果が記入されるが，同テストについては，あくまで高等学校段階における学習成果を把握するための参考資料の一部として用いることに留意。」と書かれているんだよ。

田　中：では「大学入学希望者学力評価テスト（仮称）」とはどんなテストなのですか？

西　川：答申ではこのように書いているよ。

◆大学入学希望者が，これからの大学教育を受けるために必要な能力について把握することを主たる目的とし，「確かな学力」のうち「知識・技能」を単独で評価するのではなく，「知識・技能を活用して，自ら課題を発見し，その解決に向けて探究し，成果等を表現するために必要な思考力・判断力・表現力等の能力」（「思考力・判断力・表現力」）を中心に評価する。

◆「教科型」に加えて，現行の教科・科目の枠を越えた「思考力・判断力・表現力」を評価するため，「合教科・科目型」「総合型」の問題を組み合わせて出題する。具体的な作問に向けた検討の状況を見据えつつ，将来は「合教科・科目型」「総合型」のみとし，教科・科目に必要な「知識・技能」と「思考力・判断力・表現力」を総合的に評価することを目指す。

◆解答方式については，多肢選択方式だけではなく，記述式を導入する。

◆大学入学希望者に挑戦の機会を与えるとともに，資格試験的利用を促進する観点から，年複数回実施する。実施回数や実施時期については，進路を決めるに当たり，入学希望者が他者からの指導に受動的に従うのではなく，自ら考え自ら挑戦できるようにすることを第一義として，高等学校教育への影響を考慮しつつ，高等学校・大学関係者を含めて協議する。

◆「1点刻み」の客観性にとらわれた評価から脱し，各大

学の個別選抜における多様な評価方法の導入を促進する観点から、大学及び大学入学希望者に対して、段階別表示による成績提供を行う。

◆CBT方式での実施を前提に、出題・解答方式の開発や、実施回数の検討等を行う。

◆特に英語については、四技能を総合的に評価できる問題の出題（例えば記述式問題など）や民間の資格・検定試験の活用により、「読む」「聞く」だけではなく「書く」「話す」も含めた英語の能力をバランスよく評価する。また、他の教科・科目や「合教科・科目型」「総合型」についても、英語についての検討状況も踏まえつつ、民間の資格・検定試験の開発・活用も見据えた検討を行う。

◆選抜性の高低にかかわらず多くの大学で活用できるよう、広範囲の難易度とする。特に、選抜性の高い大学が入学者選抜の評価の一部として十分活用できる水準の、高難度の出題を含むものとする。

◆生涯学習の観点から、大学で学ぶ力を確認したい者は、社会人等を含め誰でも受検可能とする。また、海外からの受検も可能とするよう、実施時期や方法について検討するものとする。

◆入学希望者の経済的負担や受検場所、障害者の受検方法を考慮するなど、受検しやすい環境を整備する。

田 中：分からない単語もありますが、言わんとすることは分かります。

しかし，「「確かな学力」のうち「知識・技能」を単独で評価するのではなく，「知識・技能を活用して，自ら課題を発見し，その解決に向けて探究し，成果等を表現するために必要な思考力・判断力・表現力等の能力」（「思考力・判断力・表現力」）を中心に評価する。」とありますが，本当に出来るのでしょうか？この種のことは過去に何度も言われたことですから。

西川：確かにその通りだよ。

　大学入試で「知識・技能」の問題が中心になっているのは，問題をつくりやすいし，解答がしやすいからだよ。活用能力や思考力・判断力・表現力をどれだけ評価できるかは未知数だよ。おそらく，アメリカのAO入試ほどまでは大胆になれないだろうけど，近づくことは確かだよ。

② 新しい試験のポイント

今までも色々な改革が行われました。しかし、その度に逃げ道が作られ、多くの人は「ま、そこそこのことをすればいいのね」で逃げられました。しかし、今回は無理です。なぜでしょうか?

- 田 中:結局、今まで通りの試験になり、今まで通りになるのではないでしょうか?
- 西 川:確かにその可能性は否定できないよ。でも、全く今まで通りには出来ない。かなり変わることは確かだと思う。
- 田 中:なぜですか?
- 西 川:「「1点刻み」の客観性にとらわれた評価から脱し、各大学の個別選抜における多様な評価方法の導入を促進する観点から、大学及び大学入学希望者に対して、段階別表示による成績提供を行う」と明記されているんだよ。この段階別表示は「高等学校基礎学力テスト(仮称)」も「大学入学希望者学力評価テスト(仮称)」も両方なんだ。
- 田 中:段階別表示とは何ですか?
- 西 川:段階別表示がどのようになるかはまだ決まっていない

けど，少なくとも「一点刻み」ではないことは確かだよ。

　今までの入試の場合，配点が200点の場合は200で刻まれた。だから同一の点数の人は少なくなる。ところが，それが20段階に刻まれたら，同一の点数の人は飛躍的に増える。

田中：それは分かりますが，それがどういう意味があるのですか？

西川：人数が少ないならば，同一点数の人を全員合格させることが出来る。ところが人数が多いならばそれが出来なくなる。つまり，同一点数の人の中から，合格者と不合格者を決めなければならない。どうしたらいい？

田中：どうしたらいいのですか？

西川：「小論文，面接，集団討論，プレゼンテーション，調査書，活動報告書，大学入学希望理由書や学修計画書，資格・検定試験などの成績，各種大会等での活動や顕彰の記録，その他受検者のこれまでの努力を証明する資料などを活用する」しかないんだよ。

田中：でも，そんなことを出来るのですか？

西川：出来る出来ないではなく，しなければならなくなるということだよ。

田中：は〜……。だんだん分かってきました。

　しかし，「小論文，面接，集団討論，プレゼンテーション，調査書，活動報告書，大学入学希望理由書や学修計画書，資格・検定試験などの成績，各種大会等

での活動や顕彰の記録，その他受検者のこれまでの努力を証明する資料などを活用する」試験で，受験生の能力を正しく判断できるのですか？

西川：ものを測定する場合，「正確」と「精密」を分けて考える必要があるよ。

田中：「正確」と「精密」って違うのですか？同じ意味だと思っていました。

西川：確かに，一般の人はそう思っていると思うよ。しかし，違う。

「正確」とは測定したいことを正しく測定できることを意味するんだ。「精密」とは測定結果が安定していること，つまり誰がいつやっても同じ結果になることを意味するんだよ。

例えば，植物に対する興味関心を測定しようとするとき，植物に関する作文を書かせ，それを読んで評価する。作文を読めば植物に対する興味関心はだいたい分かるよね。しかし，同じ作文であっても読む人によって高い評価になったり低い評価になったりするだろう。この場合は「正確だが精密ではない」評価になる。

一方，植物に対する作文を書かせ，それを書いているときに何回頭を掻いたかで評価する。これは誰が見ても掻いた回数は判断できる。でも，頭を掻くことと興味関心との関係は大いに疑問だね。この場合は「正確ではないが精密な」評価になる。

答申での「「1点刻み」の客観性にとらわれた評価

から脱し」とは，精密であるより正確であることを優先するということだよ。

田中：しかし，そんなこと本当にやるのですか？

西川：最初に言ったように，国レベルの公的な文章で断言するということはものすごい責任を伴うものなんだよ。その文章の中に「段階別表示」と書いてあるのだから，「あれ，実は無しにしました」ということはあり得ない。

　それにね，今回の答申に対応して高大接続改革実行プランが発表された。そこには何年度には何をやりますという工程表がある。文部科学省が「工程表」まで出すのはそれほど多くはないよ。工程表とは，政権交代があっても何が何でもやる！という強い意気込みを示すものだよ。

　それによれば，「高等学校基礎学力テスト（仮称）」は平成31年度からはじまる。「大学入学希望者学力評価テスト（仮称）」は平成32年度からはじまると明記されているんだよ。この意味がなんだか分かる？

田中：分かりません。

西川：今の小学校，中学校の子どもは新テストを受験するということだよ。だからむしろ小学校，中学校の方が待ったなしなんだよ。

③ 小学校，中学校も逃げられません

　今，小学校，中学校で学んでいる子どもたちは新テストを受けます。しかし，その対策は高校の先生がやれば良いと思っていませんか？
　他人事ではすみませんよ。

田中：西川先生の説明は分かりました。しかし，小学校や中学校の先生方は，新テストへの対策は高校でやればいい。だから，自分は「ま，そこそこのことをすればいいのね」と考える人はいると思います。

西川：あはははははは。まったくだよ。でもね，そんな逃げはありえないよ。

田中：なぜですか？

西川：だって，もし東京大学がアクティブ・ラーニングで学べるか否かを問うような試験をするとする。そうなったら何が起こる？

田中：それは進学校の高校は受験対策のためにアクティブ・ラーニングをするようになります。つまり「新しい時代にふさわしい高大接続の実現に向けた高等学校教育，大学教育，大学入学者選抜の一体的改革について」で狙ったことが起こりますね。

でも，それが小学校，中学校に影響しますか？

西川：あはははは。

進学校は東京大学合格者の実績を上げようとする。そうなるとアクティブ・ラーニングで学べる能力のある中学生を欲しがるよね。どうなる？

田中：あ，そうか。進学校は東京大学の試験と似たような試験を自校の入試で課すようになりますね。

西川：そう。そうなると進学校に進学したいという生徒を持つ中学校，つまり全中学校は受験対策のためにアクティブ・ラーニングをするようになる。つまり「新しい時代にふさわしい高大接続の実現に向けた高等学校教育，大学教育，大学入学者選抜の一体的改革について」で狙っているのは，大学と高校だけではなく，中学校もなんだよ。

田中：なるほど〜。

西川：そして，そのような変化は中学校，高校に子どもがいる小学校の保護者から，小学校の保護者全体に広がっていく。そうなると小学校も変わらざるをえない。

田中：ほ〜。

西川：前に話した経団連の「グローバル人材のベースとなる社会人に求められる基礎的な能力（主体性，コミュニケーション能力，課題解決能力等）は，初等中等教育段階からしっかりと身につけさせる必要がある。」という言葉通りになるよ。

こうなると，改革しなければならないとされている

古い教育の実践において実績を上げ，評価された人がつくる，授業の流れや手順を事細かに規定した官製指導手順書では対応できなくなるんだよ。

田中：なぜですか？

西川：今までは，その官製指導手順書に従った「結果」の評価は甘かった。だから何とでも出来たんだよ。ところが，今回は「やった／やらない」というお手盛り評価ではすまない。なぜならば，自分たちとは関係ないところで評価がされるから。

　義務教育段階で官製指導手順書があるのに，高校ではそれがないのはそのあたりが原因だよ。高校では大学入試に結果を出さなければ駄目だからね。そして，それが小中学校にも波及するんだよ。今後，もし官製指導手順書を作成したら，受験で結果を出せなかったら作成者・作成組織が責任を問われることになるからね。

田中：確かに，そんな責任を誰も負いたくないですよね。

西川：その結果として，誰かがつくった官製指導手順書に従って，「ま，そこそこのことをすればいいのね」ということを教師が出来なくなる。

田中：どうなるのですか？

西川：おそらく，それが分かった段階でパニックになるね。新テストの方法は今後検討される。その検討の中では，旧来の考え方の人の揺り戻しはあると思うよ。

　例えば，言語活動の重視を学習指導要領でいくら求

めても，言語活動が基礎・基本の上に成り立つという従来の考えに基づき，言語活動より基礎・基本をやるべきだと考え，結局，従来通りのことが大部分を占める授業をやるような人は多いよ。それと同じような主張をする人はいるだろう。

　しかし，段階別表示や合教科型・総合型評価は答申で明記されている。それは動かせない。そして，それだけでも劇的な変化を起こすことが出来るよ。

　結果として，総合的な学習の時間が導入されると同じぐらい，いや，それ以上の混乱が起こるだろうね。先進校に群がり，本屋にはアクティブ・ラーニングの本が満ちあふれる。あはははは。どこまで行くかは分からないけど，かなりのことが起こるね。

田中：確かに。しかし，一つ納得できないことがあるのです。それは大学が本当にそれをやるのか，ということです。大学だって「ま，そこそこのことをすればいいのね」と思っている人が多いと思います。もし，大学が「ま，そこそこのことをすればいいのね」と考えたならば絵に描いた餅になるのではないでしょうか？

西川：あはははは。鋭いね。確かに「ま，そこそこのことをすればいいのね」の大学の先生は少なくないと思うよ。しかし，それが許されないよ。

4 大学はどうするか？

　小学校，中学校，高等学校の先生方は分からないと思いますが，今，大学は大変な状態にあります。おそらく明治10年に日本最初の大学である東京大学が生まれてから最大の危機的状況と言えます。なぜなら大学入学者が減るという今までに無い状況にあります。さらに，日本の経済の右肩上がりもなくなり予算的に厳しい状態なのです。

西川：田中さん，スーパーグローバル大学創成支援事業って知っている？

田中：知りません。

西川：だよね。我が国の高等教育の国際競争力の向上を目的に，海外の卓越した大学との連携や大学改革により徹底した国際化を進める，世界レベルの教育研究を行うトップ大学や国際化を牽引するグローバル大学に対し，制度改革と組み合わせ重点支援を行うことを目的とする事業だよ。

　つまり，優れた大学に重点的に予算をつける事業だよ。

　具体的には，世界大学ランキングトップ100を目指す力のある，世界レベルの教育研究を行うトップ大学

をトップ型として大体10校を選ぶんだ。そして各大学に5億円ぐらいの予算をつける。

　また，これまでの実績を基に更に先導的試行に挑戦し，我が国の社会のグローバル化を牽引する大学をグローバル化牽引型として大体20校を選ぶんだ。そして各大学に2，3億円ぐらいの予算をつける。

　平成26年度はトップ型として，北海道大学，東北大学，筑波大学，東京大学，東京医科歯科大学，東京工業大学，名古屋大学，京都大学，大阪大学，広島大学，九州大学，慶應義塾大学，早稲田大学の13校が選ばれた。

　またグローバル化牽引型として，千葉大学，東京外国語大学，東京芸術大学，長岡技術科学大学，金沢大学，豊橋技術科学大学，京都工芸繊維大学，奈良先端科学技術大学院大学，岡山大学，熊本大学，国際教養大学，会津大学，国際基督教大学，芝浦工業大学，上智大学，東洋大学，法政大学，明治大学，立教大学，創価大学，国際大学，立命館大学，関西学院大学，立命館アジア太平洋大学の24校が選ばれた。

田中：そんな何億円と言われても，多いのか少ないのか分かりません。

西川：国立大学は運営費交付金を国からもらって大学を動かしている。その金額は東京大学がダントツで900億円，次は京都大学で600億円だね。各県にある県名を掲げた総合大学で100億円。単科大学で20億円ぐらいだよ。

田中：東京大学が900億円だと，5億円ぐらいはたいしたことないように思いますが。

西川：そんなことないよ。

今，国立大学は毎年1％の予算の削減を求められている。5年で5％，10年で1割の予算がカットされる。その一方で消費税は上がる。雇っている人を安易に解雇することも出来ず，その人たちの定期昇給も必要。

つまり，東京大学だって火の車なんだ。ましてや，その他の大学はもっと深刻だね。だから，5億円の予算はのどから手が出るほど欲しい予算だよ。

これは私立大学も同じ。いや18歳人口が減少することによって，学費収入が直接響く私学の方が厳しいと言えるね。

田中：なるほど。

西川：今の段階ではトップを目指す「体制」が評価の対象となっている。例えば，「教員に占める外国人及び外国の大学で学位を取得した専任教員等の割合」や「年俸制の導入」とかね。

しかし，その先にあるのは「結果」だよ。

田中：結果というと何ですか？

西川：その大学の研究者がどれだけの論文を書き，その論文が他の論文にどれだけ引用されたか，また，受託研究をどれだけ獲得したかなどだね。

田中：そうなのですね。でも，それが入試改革とどう関係す

るのですか？

西川：現在の学術研究においてアクティブ・ラーニングで育成されるような能力が必須なんだよ。一人の天才が黙々と考えて発見するという科学者はほとんどいないね。実験物理学はその典型だけど，ビックサイエンス化しているのでチームで研究するしかないよ。例えばノーベル賞を受賞した小柴昌俊さんはカミオカンデのチームを監督してニュートリノを観測したことが受賞のポイントだよ。

　人文科学だって，昔はどの資料がどこの図書館にあるかを知っているか，ある一節がどの作品の中にあるかという知識の多さが研究を支えていた。しかし，それらはインターネットの検索機能で中学校の生徒でも見いだすことが出来る。もちろん，検索した後に原典を確認し，その知識を活用することは中学生には出来ない。でも，以前に比べればググれば分かるような知識の多寡が研究者の能力に占める割合はぐっと下がった。ところが今の大学入試で問われているものの大部分は，そのググれば分かるような知識が占めている。

　つまりね，今の入試で合格させた学生では，自分の研究室の戦力にならないと，研究で勝負している大学の教師は気づいたんだよ。

田中：しかし，研究で勝負する一部の大学はそうだと思いますが，そんな大学ばかりではないですね。

西川：そのとおりだ。「新しい時代にふさわしい高大接続

の実現に向けた高等学校教育，大学教育，大学入学者選抜の一体的改革について」では「選抜性の高い大学」というマイルドな表現を使っているけど，ようはスーパーグローバル大学創成支援事業に選ばれるような大学を想定している。

　前に東京大学の試験制度が変わるだけで小学校，中学校，高等学校にどれだけ影響するかを説明したよね。仮に，平成26年にスーパーグローバル大学創成支援事業に選ばれた37校が入試制度を変えたらどれほどの影響があるかは想像もつかないね。

田中：日本全国に影響が及びますね。

　でも，具体的にはどのように変わるのですか？

西川：前に言ったように，センター入試が廃止され，その代わりに「高等学校基礎学力テスト（仮称）」と「大学入学希望者学力評価テスト（仮称）」が導入される。

　マンパワーの無い大学の場合，センター入試の結果で受験生をソーティングして，面接等で微調整という方法をとっていた。しかし，「高等学校基礎学力テスト（仮称）」と「大学入学希望者学力評価テスト（仮称）」の結果は段階別表示だからソーティングしきれないんだ。だから，各大学独自の試験の比重が大きくなる。

　高大接続改革実行プランでは，各大学がアドミッション・ポリシー（入学者受入の方針）を明確に定めることを求めている。そのアドミッション・ポリシーに

対応する試験をすることを求めている。つまり，各大学の独自性が出るようになる。

田中：全部の大学がですか？

西川：そんなことはないと思うよ。答申で選抜性の高くない大学と表現される大学の場合は，限りなく今に近い試験をしようとするだろうね。しかし，そのような大学の運営費交付金はどんどん減らされることになるよ。

　文部科学省は日本の大学の3割程度は潰れてもいい，いや，潰すべきだと思っているんじゃないかな〜。少なくとも財務省はそれぐらいを考えていると思うよ。大学教育には膨大な予算が必要で，日本の税収は厳しいからね。

田中：怖いですね。大学教師でなくて良かったと思います。

第3章

スーパーグローバル大学が学校制度を変える

　「新しい時代にふさわしい高大接続の実現に向けた高等学校教育，大学教育，大学入学者選抜の一体的改革について」では英語に関して，民間の資格・検定試験の活用について触れています。しかし，その扱いは今後の課題としており，「高大接続改革実行プラン」でも触れていません。

　しかし，「英語教育の在り方に関する有識者会議」報告書（平成26年９月26日）においては「日本人の英語力の現状と，日本人学生の海外留学を促進するという点から考えると，大学入試センター試験及び個別大学入試における英語の試験を廃止し，４技能をより正確に測る英語の資格・検定試験に代替すべきであるとの指摘があった。」とあります。

　かなり過激な案ですが，私は十分にありえると考えています。なぜなら，今後の教育の在り方を決めるのは，スーパーグローバル大学が世界のトップ100の中に入るにはどのような教育を大学ですべきかが優先されると考えているからです。高校は，そのような教育に耐えられる生徒を育てる場であり，具体的に

はスーパーグローバルハイスクールとスーパーサイエンスハイスクールがより一般化すると考えているからです。

　日本は単線型学校体系と言われています。すなわち小学校を卒業した子どもは，どの中学校にも進学できる可能性があります。中学校を卒業した子どもは，どの高校にも進学できる可能性があります。そして，高校を卒業した子どもは，どの大学にも進学できる可能性があります。

　一方，欧州の学校の場合，中等教育の段階で大学進学用の学校と職業教育用の学校に分かれます。職業教育用の学校に進学した子どもは大学進学の道は閉ざされます。これが分枝型学校体系です。

　スーパーグローバルハイスクールとスーパーサイエンスハイスクールが広がることによって，事実上，日本は分枝型学校体系になるのです。

　具体的にはスーパーグローバル大学では英語での授業が一般化し，ディスカッションのようなアクティブ・ラーニングで講義が進められます。このような授業が大学入学直後から全面的にはじまるのですから，高校でそのような教育に慣れていなければなりません。アメリカの大学では外国留学生にTOEFLで60点以上を求めています。大学院では80点以上を求めています。このようなレベルを求めるとしたら，スーパーグローバル大学でTOEFL等の資格を求めるのは当然です。そして，その大学に進学することを目指す高校では，それに準じたTOEFL等の点数を求め，それに準じた点数を自校の入試に求めます。

　それゆえ，中学校，そして小学校は影響を受けるのです。

① 学校英語の意味・価値が激変！

> TOEFLと言われても，ピンとこない人が大部分だと思います。英語教師，それを目指す人，海外留学の経験者ぐらいが実態を知っていると思います。しかし，今後，それ以外の人もそれに直面しなければならなくなるかもしれません。

西川：他にも影響があることがあるよ。

田中：何ですか？

西川：TOEFLって知っている？

田中：聞いたことはありますが，よくは知りません。海外留学に関係するものですよね。

西川：Test of English as a Foreign Language で文字通り英語を母国語としていない人のために英語能力を測定するテストでアメリカの Educational Testing Service（ETS）というNPOが運営しているよ。各大学は受験生に一定の点数を求めている。

120点満点で，大学の学部で60点以上，大学院で80点以上が一つの目安だね。一流校だと100点以上になるね。

田中：へ～。しかし，それが何に影響するのですか？

西川：何度も話した「新しい時代にふさわしい高大接続の実現に向けた高等学校教育，大学教育，大学入学者選抜の一体的改革について」では英語に関して，民間の資格・検定試験の活用について触れているよ。しかし，その扱いは今後の課題としており，「高大接続改革実行プラン」でも触れていない。

田中：なんだ。それなら先の話なんですね。

西川：そうでもないよ。答申には「英語教育の在り方に関する有識者会議」報告書（平成26年9月26日）を参照することが書かれている。そこには「日本人の英語力の現状と，日本人学生の海外留学を促進するという点から考えると，大学入試センター試験及び個別大学入試における英語の試験を廃止し，4技能をより正確に測る英語の資格・検定試験に代替すべきであるとの指摘があった。」と書いているんだ。

田中：え？つまり，TOEFLの点数がとれれば大学入試はOKということですか？

西川：TOEFLを使おうとは決まっていないよ。色々な意見が出ている段階だよ。しかし，外部の資格試験を使おうというのはハッキリとしていると思う。

田中：なぜですか？

西川：今回の一連の改革は，日本が生き残るために，世界で勝負できる人を急いで育てたいという願いがあるからね。

具体的には，スーパーグローバル大学が世界のトッ

プ100の中に入ることによって実現しようとしている。

田中：そのこととTOEFLのような試験を大学入試に使うこととどう関係するのですか？

西川：それはスーパーグローバル大学の審査基準を見ると分かるね。関係ありそうなところだけをピックアップすると以下のようなものがあるよ。

教員に占める外国人及び外国の大学で学位を取得した専任教員等の割合

日本人学生に占める留学経験者の割合

大学間協定に基づく交流数

日本人学生の留学についての支援体制の構築

外国人留学生等の支援体制の構築

外国語による授業科目数・割合

外国語のみで卒業できるコースの数等

日本語教育の充実

学生の語学レベルの測定・把握，向上のための取組

柔軟な学事暦の設定の有無

入試における国際バカロレアの活用

渡日前入試，入学許可の実施等

奨学金支給の入学許可時の伝達

混住型学生宿舎の有無

海外拠点数及び概要

外国人留学生OBの積極的活用

外国語による情報発信等

> シラバスの英語化の状況・割合
> TOEFL等外部試験の学部入試への活用
> 多面的入学者選抜の実施

西川：さて，どんな大学が見えてくる？

田中：教師も学生も日本人と外国人が混在して，講義のほとんどは英語で行われている大学です。おそらく，外国人と日本人がばんばんと議論している姿が見えます。

西川：その通りだよ。

　　　以上が成り立たないとスーパーグローバル大学には選ばれず，予算ももらえない。その日本人と外国人の大学教師や学生がばんばんと議論して学んでいる姿がアクティブ・ラーニングなんだよ。

田中：なるほど〜。

西川：こんな大学が入学者を選抜するとしたら，どうやって選抜する？

田中：日本にある大学ですが，ほぼアメリカにある大学と同じなのですから，TOEFLで60点は必要ですね。

西川：そう思うよ。

　　　ところが問題があるんだよ。東京大学の合格者のTOEFLの平均点が60点台なんだよ。つまり，今のままでは，多くの大学では実現不可能なんだよ。それに日本の学生は議論することになれていない。

田中：どうしようとしているのですか？

西川：スーパーグローバルハイスクールとスーパーサイエン

スハイスクールがより一般化すると思うよ。

田 中：なるほど。スーパーグローバルハイスクールとスーパーサイエンスハイスクールで，ばんばん英語で授業をやって，どんどんアクティブ・ラーニングをするわけですね。それならばスーパーグローバル大学での講義は成り立ちますね。

西 川：それを狙っているよ。

田 中：今，気づいたのですが，スーパーグローバルハイスクールとスーパーサイエンスハイスクールでは，そんな授業を出来たとして，一般の高校は出来ませんよね。その高校の子どもたちはどうなるのですか？

西 川：スーパーグローバル大学には入学できない，ということになるね。

田 中：そ，そんな～。

西 川：日本は単線型学校体系と言われている。小学校から大学まで一本に繋がっている。一方，分枝型学校体系の欧州の学校の場合，中等教育の段階で大学進学用の学校と職業教育用の学校に分かれる。職業教育用の学校に進学した子どもは大学進学の道は閉ざされる。

　スーパーグローバルハイスクールとスーパーサイエンスハイスクールが広がることによって，事実上，日本は分枝型学校体系になるんだよ。

田 中：それが良いことなのですか？

西 川：私は，良い悪いを言っているのではないよ。今，そういうことが進行中だということだよ。

それに単線型と分枝型を比べたとき,単線型にだって問題があるよ。

田 中:どんなことですか？

西 川:例えば,単線型の場合は基本的にみんな同じことを学ぶ。

　　ということは,高校卒業後に就職しようと思っている人も,大学に進学しようとする人も同じことを学ぶ。

　　無限に時間があるならば,あれも,これも,学ぶのはいいだろう。しかし,子どもの貴重な時間は有限だ,なんでもかんでも学ぶということが望ましいとは私は思わない。

　　しかし,子どもの可能性が狭められるのは良いことではないね。でも,それは子どもばかりではなく,教師もだよ。

田 中:どういう意味ですか？

② 英語教師，その他の教師も大変

　前節の話を読んで，「あ～良かった。高校の英語の先生でなくて」と思いませんでしたか？それは誤りです。また，高校の先生方はことの重大さが分かっているでしょうか？
　みなさんは TOEFL で100点とれますか？

西川：教師も凄く大変だということを説明する前に，もう少し話さなければならないことがあるよ。

田中：何ですか？

西川：さっきの話では，スーパーグローバル大学の入試のことを話したけど，実は，スーパーグローバル大学以外の大学も TOEFL のようなテストを使うということだよ。

田中：え？なぜですか？一般の大学も，英語で講義するようになるのですか？

西川：いいや，おそらくしばらくは今のままの講義だと思うよ。

田中：ではなぜ，TOEFL のようなテストを使うのでしょうか？

西川：話を大分戻すけど，入試改革の時の話を思い出してね。そこでのポイントとして，センター入試廃止後の「高

等学校基礎学力テスト（仮称）」ともう一つは「大学入学希望者学力評価テスト（仮称）」では1点刻みではなく段階別表示で大学や受験生に情報が提示されることは話したよね。

田中：はい。

西川：段階別表示だと、受験生を選別しきれない。だから、各大学のアドミッション・ポリシーに基づく試験を行わなければならない。これは分かったよね？

田中：はい。

西川：しかし、各大学には独自の問題を作れるだけのマンパワーは今のところ無いよ。仕方がないよ。色々な縛りがあって、スタッフの配置に関して大学の自由裁量の幅はものすごく小さい。だから、入試専門のAOに人員を十分割けないからね。

　　　だから、センター入試の点数を活用する大学は少なくないんだよ。

田中：はい。

西川：ところが、センター入試が廃止され、段階別表示の新テストになる。これは多くの大学にとって頭を悩ますところだよ。

　　　どうしたら良いと思う？

田中：見当もつきません。

西川：TOEFLを使うんだよ。

　　　多くの大学では一点刻みのテストが欲しい。しかし自前で作れるほどのマンパワーは無い。そこに文部科

学省が TOEFL 等の資格・検定試験にお墨付きを与えている。

田中：なるほど〜。TOEFL 等の資格・検定試験を入試に使うのが一般化するのですね。

西川：そうだよ。さて，さっき言ったように東京大学の合格者ですら120満点のテストで60点台しかとれない。なぜだと思う？

田中：日本の学校で学ぶ英語と TOEFL で問われる英語が違うからですか？

西川：正解！

　日本の英語は基本的に英語の文献を読む，書くが中心だった。明治維新の時代の必要から生まれた英語が連綿として続いているんだ。英語でアクティブ・ラーニングすることを予想していない。

田中：どんな点が違うのですか？

西川：TOEFL では，より思考力を問われる問題が出題される。単独で語彙・文法知識を問う問題はないね。すべてまとまりのある文を読むこと，聞くことで答える形式だよ。

　また，最大の特徴は，技能統合型の問題にあるね。読んで，聞いて書く・聞いて話す設問がある。単なる知識ではなく，情報を整理して，言語化し，理解しやすい表現ができる能力が求められる。

　テスト時間は4時間半ぐらいで体力が必要。

　また，かけ離れているのはまず語彙だよ。出題され

る英文は英語圏の大学の〇〇学概論にあたるようなものだよ。次にリスニングはほぼナチュラルスピードで話され，量も多い。ライティングでは300ワード程度の英文を書かなければならず，スピーキングも英検のような定式ではなく，しかも1分近く話し続けることを求められる。

田中：聞いているだけで頭が痛くなります。私なんかは10点も取れないように思います。それにしても日本の英語とは全然違いますね。

西川：結局，TOEFLはアメリカの大学での講義，つまりアクティブ・ラーニングが出来るか否かを試しているテストだからね。

田中：なるほど。

西川：さっき言ったテストで60点以上の点数でなければアメリカの大学では入学を許可されないんだよ。そしてアメリカの一流大学の場合は100点以上も要求される。そして，日本のスーパーグローバル大学はそのような大学に肩を並べていかなければならない。となるとTOEFLで何点以上必要？

田中：……100点以上，ですね。

西川：そうだよ。

田中：しかし，現在の東京大学の合格者の平均が60点代だとして，それを100点以上，つまり2倍近く伸ばすことなんて出来るんですか？

西川：出来るかどうかでは無く，それをスーパーグローバル

大学は求められていて、満たさないと予算はもらえない。

田中：でも、どうやって？

西川：だからさっき話したように、高校教育が根本的に変わらなければね。具体的にはスーパーグローバルハイスクールとスーパーサイエンスハイスクールの教育が徹底的に変わらなければならないよ。

田中：どんな風にですか？

西川：授業では思考力を育て、思考力を問われる問題が出題される。単独で語彙・文法知識を問う問題はないね。すべてまとまりのある文を読むこと、聞くことで答える形式だよ。

　前にも言ったけど、読んで、聞いて書く・聞いて話す授業だね。単なる知識ではなく、情報を整理して、言語化し、理解しやすい表現を求める。試験は長時間になるだろう。

　使われる英文は英語圏の大学の○○学概論にあたるようなものだよ。今の教科書は全く使えないだろうね。ナチュラルスピードで話され、量も多いリスニングをする。ライティングでは300字の英文を書かなければならず、スピーキングも英検のような定式ではなく、しかも1分近く話し続けることを求められる。

田中：子どもは大変ですね。

西川：子どもは大変。でも、教師はもっと大変だよ。

田中：どうしてですか？

西川：TOEFLで100点以上の子どもを育てようとしたら，教師はそれ以上の点数をとれるような人でなければならないよ。

田中：確かに。

西川：それにね，田中さんは私が言っている授業は英語を想定しているでしょ？

田中：違うのですか？

西川：いいや，全部の授業がだよ。

田中：国語も数学も理科も社会も，ですか？

西川：そうだよ。

田中：そりゃ，無理だ。英語以外の教師がTOEFLで100点以上なんて。

西川：そう，全員はね。

田中：つまり，スーパーグローバルハイスクールとスーパーサイエンスハイスクール用の高校教師と，それ以外の高校教師に分かれるということですか？

西川：そういうこと。ドイツやフランスでは，大学進学向け高校の教師と職業教育進学向け高校の教師は全く違う職種だね。ま，そこまでハッキリと分かれるとは思えないけど，結局はスーパーグローバルハイスクールとスーパーサイエンスハイスクールでの授業を出来る教師は限られているからね。

田中：とても信じられません。

西川：そうだよね。でも，いつまでもというわけではないと思うよ。

田中:どういうことですか？

西川:日本の英語教育が変わっていって，そして，採用される教師が変わっていけば基本的にスーパーグローバルハイスクールとスーパーサイエンスハイスクールで教えられる教師が多くなるだろう。例えば，高校教師の採用において TOEFL が求められることが一般的になるかもしれない。いや，既にそういう私学の学校はあるよね。そうなったら教育の分枝型も解消されることになるだろうね。

田中:どれぐらい先ですか？

西川:今年度に採用された人が退職する約40年先だろうね。

田中:そんなに先なのですか？

西川:政府の方針も変わるだろう。その政府の方針の前提となっている日本の状況が変わる可能性だって十分ありえるからね。

　しかし，確実なのは，次の学習指導要領の期間，つまり，これから二十年弱はその方向であることは確かだということだよ。つまり，今年度に採用された新規採用者が四十歳代になるときまで続くことは確かだよ。

田中:高校の先生は大変ですね。

西川:あはははははは。田中さんは関係ないと思っているんでしょ。

田中:はい。だって，スーパーグローバル中学校やスーパーグローバル小学校はないですから。

西川:でも，前に話したでしょ。

スーパーグローバルハイスクールとスーパーサイエンスハイスクールは自分たちの教育に耐えられる子どもを入学させようとするよ。そうしたら高校入試も様変わりするよ。既にTOEFLを課す高校もあるけど，どんどんそれが増えるだろう。当然だよね。

　　さて，そうなれば中学英語だって変わらざるをえない。

田中：どう変わるのですか？

西川：まとまりのある文を読むこと，聞くことで答える形式だよ。TOEFLの出題形式に合わせ，ナチュラルスピードで話され，量も多いリスニングをする。ライティングでは300字の英文を書かなければならず，スピーキングも英検のような定式ではなく，しかも1分近く話し続けることを求められる。つまり，高校の授業に準じた授業をする必要があるね。

田中：大変だ。

西川：他の教科の先生も，アクティブ・ラーニングを取り入れなければならない。

田中：出来ますか？

西川：出来なければ，子どもと保護者から見捨てられるよ。特に怖いのは，頭の良い子，つまりクラス経営で教師が頼りにする子どもから見捨てられるよ。これは小学校の先生も同じなんだよ。

田中：……。

③ なぜ，グローバル化を急ぐのか？

　我が国が国際化しなければならないのは分かると思いますが，だからといって全ての授業を英語でする大学や高校は行きすぎていると感じるのではないでしょうか？その通りです。しかし，そうせざるを得ない状況にあると政策決定をする人たちは思っているのです。

田中：西川先生のおっしゃることは分かりました。しかし，どうしても納得出来ないのは，全ての授業を英語でするような大学や高校は行きすぎではないかと思うのです。

西川：私も同感だよ。
　　　日本が国際化しなければならないことに反対はしないよ。しかし，まあ，日本人の１割の人が国際化すれば十分だと思うね。どう考えても日本人全体が国際化する必要はない。

田中：そうですよね。では，なぜ，西川先生がおっしゃっているようなことが起ころうとしているのですか？

西川：その１割が本当に国際化に対応出来る人材に育てたいと思っているんだよ。だって，東京大学の合格者でさえ TOEFL で60点台なんだよ。

田中：しかし，今回の一連の改革によって日本中が変わろうとしていますよね。ちょっと大げさになりすぎるのではないでしょうか？

西川：波及効果によって広がってしまうけど，今回の改革で本当に変わるのはスーパーグローバル大学と，そこに卒業生を入学させようとするスーパーグローバルハイスクールとスーパーサイエンスハイスクール，そしてトップ進学校だけだよ。

　スーパーグローバル大学以外の大学はTOEFLを課すかもしれないけど，概ね，今と変わらない入試を行い，今と変わらない講義をして，今と変わらない卒業生を社会に送るよ。

　同じようにアクティブ・ラーニングに対応できない高校は，概ね，今と変わらない入試を行い，今と変わらない講義をして，今と変わらない卒業生を社会や大学に送るよ。

田中：そうはいっても，スーパーグローバルハイスクールとスーパーサイエンスハイスクール，そしてトップ進学校とそれ以外の高校，また，スーパーグローバル大学とそれ以外の大学の狭間にいる子どもたち，また，教員は大きく混乱しますね。

西川：その通りだと思うよ。

田中：強引すぎるように思うのです。

西川：気持ちは分かる。

　しかし，政策決定をしている人たちは焦っているの

だと思うよ。

田　中：何をですか？

西　川：今後，日本が二流国になることを心配していて，そうなっても生き残れる国に早くならねばと焦っているのだと思うよ。

田　中：二流国？

西　川：プラトン研究の第一人者である田中美知太郎が，ある人からプラトンを学ぶためにはギリシャ語を学ぶべきか？と問われたエピソードを聞いたことがある。

　ギリシャ語，それも古いギリシャ語まで堪能な田中はそれを勧めなかったんだって。彼は，一つの言葉を学ぶには一生かかることだから，それ自体が主目的でない限り，それはすべきではないと言ったんだって。当然のことだよね。人間に与えられた時間も能力も有限だよ。あることに費やせば，その他のものがおろそかになる。

　例えば商品開発の人が英会話に堪能になろうとすれば，商品開発がおろそかになる。

　もちろん，そもそも商品開発はせずに，国内商品を扱うだけの会社だったら英会話をする必要はないよ。むしろ，地方ごとのお国言葉に堪能な人の方が良いのかもしれないね。

田　中：あはははは。確かにそうですね。

西　川：そもそも，英会話が盛んな国は3種類ある。

　第一は，もともと文字の言葉を持たないか，また，

部族ごとの言語が乱立しているかで，英語以外の統一の言語を持てなかった国。

第二は，国内の学術・技術が未成熟で，海外の文献を読むことでしか学べない国。

第三は，国内市場が脆弱で，多くの国民が海外との取引を直接行わなければならない国。

日本は幸いその様な国では「なかった」。だから日本人は英語が不得意なんだよ。使う必然性がなかったから。

田中：なるほど。でも，「なかった」というのが気になりますが。

西川：そう，「なかった」。でも，少子化の結果，人口が減少している。主に消費する若年層が少ない国になった。つまり，第三の国になりつつある。

今後，海外から労働者を受け入れた場合，国内の人もその人相手に仕事をするためには英語が必要になる。また，縮小した国内ではなく海外で職を得る人は英語が必要になる。結局，多くの国民が英語を必要とするようになる。だから，日本を変えなければならないと考える人たちがいるんだと思うよ。

田中：なるほど〜。なんか寂しいですね。

④ だからこそアクティブ・ラーニング

　ここまでは怖い，苦しい話ばかりでしたね。すみません。今おこっていることがどれほど重大であるかを，理解してもらいたかったのです。しかし，ピンチはチャンスです。これだけ大きな変化がある時代は，そうでない時代だったら諦めてしまわなければならないことを，実現する可能性があるのです。これから起こることをピンチと考えるか，チャンスと考えるか，それはあなたが決めることです。

田　中：西川先生の話を聞けば聞くほど暗くなってきました。教師を続けられるのかな，とも思います。

西　川：ごめん，ごめん。確かに暗くなるよね。でも，私の言いたかったことは，これからの時代は激変の時代であるということだよ。ところがほとんどの人がそれを理解していない。理解していないで激変の世界にたたき込まれたら大変だ。だから，これからの時代に生き残れるように準備する必要があるということを田中さんに言いたかったんだ。

田　中：でも，準備すると言われても何をするべきなのか分かりません。

西　川：この種のことを考えるとき，最初に考えるべきなのは，

最悪の状況を具体的に考えることだよ。訳も分からず不安になるのは生産的ではない。

まず，田中さんはスーパーグローバルハイスクールとスーパーサイエンスハイスクールで教えるだろうか？

教えないよね。なぜなら，さっき言ったような授業は出来ないから。そういうところには，そういうことが出来る人が配置されるよ。そう出来る人は，そこで自分の才能を生かせばいい。

田中：あはははは。それに私は高校の教師ではありませんから。

西川：そうだよね。

次に義務教育の教師はどうなるか？

教えている子どもの大多数は，スーパーグローバルハイスクールとスーパーサイエンスハイスクールには進学しない。だから，英語で授業をしなくても誰からも非難されない。でしょ？

田中：あ，そうですね。

西川：その代わりに，アクティブ・ラーニングはしなければならないよ。それが次の学習指導要領で求めていることだから。そして，アクティブ・ラーニングで育つ能力は，スーパーグローバルハイスクールとスーパーサイエンスハイスクールで学ぶ子どもたちにも，必要なことだから。

田中：なるほど。

西川:つまり、高校も含めて全ての教師がすべきことは、アクティブ・ラーニングをすることであり、グローバルに関してはスーパーグローバルハイスクールとスーパーサイエンスハイスクールの動きを横目で見ながら、自分で出来る範囲のことを少しずつやればいいということだよ。

田中:な〜んだ。TOEFLで100点を取らなければ教師を辞めなければならないのかと思いました。

西川:あはははは。そんなことになったら日本中の教師の99.99%は辞めなければならないよ。有名校の入試にしても、現状の英語教育とTOEFLで求める能力はかけ離れているよ。最終的にはTOEFLレベルを求めるにしても、そこに至るまでには様々な逃げ道を用意すると思うよ。

田中:では私はどんなアクティブ・ラーニングをすればいいのでしょうか?

西川:どんなということはさておき、教師としてやるべきこと、そして教師としてやりたいことは何かを考えよう。そして、それとアクティブ・ラーニングとを関連させよう。

田中:はい。

西川:私は、教え子全員が幸せな一生を送って欲しいと願っている。田中さんはどう?

田中:私もそうです。というか、そうでした。

西川:そうでした?

田　中：教師に成り立ての時はそう思っていましたが，現実に自分の出来ることは限られています。そんな先のことは考えられません。とりあえず，今日の勉強を分からせたい，今日は穏やかな一日にしたい，それで手一杯です。

西　川：気持ちは分かるよ。田中さん，教師が子どもに与えられる，最高のプレゼントは何だと思う？

田　中：分かりません。

西　川：仲間だよ。我々教師は進学先について行けない，いや，来年すらついて行けない。でも，子どもはついて行く。高校になって色々な進学先に行っても，地元で会える。大人になっても会える。色々な悩みがあったとして，それを解決できるのは当人だよ。でも，愚痴を聞いてくれる人がいたら，解決できるようになる。

田　中：仲間，分かります。私もそうでした。でも，我々はどうしたらいいのですか？

西　川：私はアクティブ・ラーニングだと思う。日々の学習の中で関係をつくる，その積み上げの中で仲間をつくる。それを全ての子どもに与えたい。

　　　　アクティブ・ラーニングを上からの命令でやるより，自分が本当にやりたいことを実現するための錦の御旗にすれば良い。

　　　　私はそう思っているよ。

第4章

だからこそ『学び合い』！

　ここまで読んでいただいて，どう感じましたか？おそらく，そんなことがこれから始まるなんて知らなかったと思います。そして，不安になったのではないでしょうか？

　実は私も最近まで分かっていませんでした。その種の情報に接している仲間から「大変なことが起こるぞ」と言われていたのですが，「そんなバカなことが起こるわけない」，「そんなことがこれから始まるなら世間がもっと騒いでいるはずだ」と思っていました。つまり，今までのページの「田中さん」が私なのです。

　しかし仲間から聞いた公文書等を読み，関係者から情報収集を積み上げ，私の仲間が私に一生懸命に伝えていた理由が分かりました。

　私は約二十年前から『学び合い』（二重括弧の学び合い）を全国の方々に提案しています。その実際は以降に書きますが，まさにアクティブ・ラーニングそのものなのです。

　ことの重大さが分かってから中央教育審議会の答申を読み直

し、その意味すること、これから起こるであろうことを考えれば、考えるほど、「風が吹いて来た」と思いました。ここまで書いた色々なこと、それは『学び合い』ならば解決できます。

　これからの二十年間は激動の時代になると思います。明治の学校制度が生まれてから続いてきたものが崩れていきます。当然、一気には変わりません。二つの異質な教育が併存することになります。その中で皆さんは教師として生きなければなりません。従って、今の教育にも対応できて、アクティブ・ラーニングの時代にも対応できる能力が必要です。

　さらに、あなただけではなく、あなたの同僚が対応できなければならないのです。もし、あなたが校長であり、行政の方ならば、管下の多くの職員が対応できるようにしなければなりません。

　さて、皆さんの同僚、管下の職員の顔を走馬燈のように思い浮かべてください。ここまで書いたような激変の時代に対応できそうだと思える人はどれほどいるでしょうか？おそらく２割程度でしょう。そして大部分の人は対応できないと思える人だと思います。それが普通の職員集団です。

　では、どうしたらいいのでしょうか？

　『学び合い』ならあなたはもちろん、同僚も乗り越えることが出来ます。

1 『学び合い』ってなに？

　二重括弧の『学び合い』を紹介しましょう。『学び合い』は小学校，中学校，高等学校の全ての教科で実践できますし，実際に実践しています。また，以下ではもっとも受け入れやすい形態の実践方法を紹介しますが，もっと先があります。それは本書巻末の読書ガイドをお読み下さい。

田中：西川先生から色々教えていただいたのですが，先生自体はどうやって仲間を子どもたちに与えているのですか？

西川：私は二重括弧の『学び合い』をやっているからね。

田中：『学び合い』って何ですか？

西川：一言で言うと，一人も見捨てないということを毎日の教科学習の時間に求め続ける授業だよ。

田中：一人も見捨てないって，どういうことですか？

西川：例えば，授業で「分からない」，「出来ない」という子が一人も生まれないことを目指す授業だよ。

田中：それは目指すべきですよね。でも，難しいですね。

西川：そう，目指すべきこと。それをちゃんとやるのが『学び合い』だよ。具体的には，まず最初に，大人になってから一番大事な能力は何かを子どもたちに語るんだ。

　　　　田中さんは何だと思う？

田　中：知識とか，判断力とか，創造力ですか？

西　川：いいや違う。他人の能力を貸してもらう能力だよ。知識や判断力や創造力が必要だったら，知識や判断力や創造力がある人とつきあえて，その人の知識や判断力や創造力を貸してもらえばいいんだよ。

　例えば，スマートフォンのことを私は全然分からない，でも，田中さんに聞いて，いじくってもらえば解決できる。だから私はスマートフォンのことを勉強しようとはしない。

　逆に，田中さんは車のことが分からない。だから，車の調子が悪いときは私が見るよね。だから田中さんは車のことを勉強しようとはしない。でしょ？

田　中：あはははは。まったくです。

西　川：スマートフォン，車のこと以外も，教師としての仕事で他の人の知識や判断力に頼ることが多いよね。頼る人が多いことが，その人の力なんだよ。それは教師以外も同じだよね。

田　中：なるほど。

西　川：ところが今の学校ではそのところを組織的に学習させていない。『学び合い』ではそれを学習する機会を与えようとしているんだよ。まさに「認知的，倫理的，社会的能力，教養，知識，経験を含めた汎用的能力の育成を図る」アクティブ・ラーニングだよ。まず，そのあたりのことを自分の経験を元にして語るんだよ。

次に我々はチームであることを語るんだ．「一人見捨てる集団は，二人目を見捨てる，そして三人目も見捨てる，四人目は自分かもしれない。だから，一人も見捨てては駄目だよ」と強調するんだ。

田中：具体的にはどれぐらいの頻度でやるのですか？

西川：まあ，週１回ペースでやりはじめればいいね。もし，専科で担当時間数が少ない場合は２週間に１回でもいいよ。

田中：で，何をやらせるのですか？

西川：田中さんも出張に行くとき自習課題をやらせるでしょ？あれでいいんだよ。もしくは，その週に学んだことに対応する市販プリントをやらせるので良いよ。

田中：どれぐらいの量をやらせるのですか？

西川：そのクラスで一番出来る子が十数分で出来上がる量だね。問題のレベルは低くても問題数が多ければ出来る子どもも時間がかかる。そうなれば分からない子へのサポートは出来ないからね。

田中：なるほど。それで最初はどうするのですか？

西川：子どもたちに課題を提示して，この時間内に全員が課題を終わらせなければいけないと言うんだ。終了時間は，その時間の５分間ぐらい前だね。その５分で最後のまとめをするから。

　　あと，黒板に子どもたちの名前を書いたマグネットシートを用意しておく。黒板には出来たと書いた大きなマルを書いておく。課題が出来上がった人はそこに

自分の名前を書いたマグネットシートを移動するように指示するんだよ。

そうすれば，子どもたちは誰が出来て，誰が出来ないかが分かるよね。そうすれば課題が終わった子は終わってないところに教えに行けるし，終わってない子は終わっている子のところに教えて貰えに行けるからね。

田 中：なるほど。で，最初に問題の説明をするのですよね。

西 川：いいやしない。さっき言ったように全員達成することを求めて終わり。だから2，3分もかからず，子どもたちが作業に取りかかるよ。

田 中：え？それでは教えないのですか？

西 川：教えない。

田 中：で，でも～。

西 川：気持ちは分かるよ。でもね。日本中の授業は全て成績が中の下の子どもたちに合わせているよね？

田 中：まあ，そのぐらいだと思います。

西 川：文部科学省の統計だと，塾・予備校・通信教材で学んでいる子は全体の2，3割は占めている。そして，保護者の半数は4年制大学を出ている。そのため，中の下の授業ぐらいだったら，その2，3割の子どもが教えられるよ。

田 中：で，でも～。

西 川：ちゃんとした理論や，実証的なデータによって，その方が勉強になるとは明らかになっているけど。まあ，

週1ぐらいだったらいいでしょ？

田 中：まあ，それ以外の時間でしっかり教えておけば，まとめの問題をやらせると考えればいいですね。

西 川：まあ，最初はそれぐらいの気持ちでいいよ。だって，田中さんが出張の時はそうやっているでしょ。

田 中：まあ，そうですね。

ところで授業のまとめは何をするのですか？

西 川：普通の授業のまとめは，数人に当てて出来たか出来ないかを確認するよね。

田 中：はい。

西 川：でも，『学び合い』では全員達成したか否かを語るんだよ。『学び合い』では子どもたちの「素」がもの凄く分かるよ。遊んでいる子はいる。丸写しをしている子はいる。逆に，一生懸命に全員が出来るように動いている子もいる。それが全部見えるんだよ。

そのことを見取って，最後に心を込めて語るんだ。

田 中：では授業中は何をしているんですか？

西 川：じっと見ている。

田 中：でも，遊んでいる子や丸写しをしている子がいたら注意するんですよね？

西 川：いいやしない。

田 中：え？？

西 川：考えてみて。田中さんが思い浮かべる，遊ぶ子，丸写しする子に注意したら変わると思う？

田 中：いえ。

西川：そうだよね。その直後は変わるかもしれないけど，すぐに元の木阿弥になってしまうよね。

田中：でも，何もしないのですか？

西川：『学び合い』の基本原則だけど，駄目な子を動かそうとせずに，教師の話を聞ける子を動かすんだ。

田中：どういうことですか？

西川：例えば，「このクラスで勉強に集中していない子がいる。その子は問題だけど，周りの子も問題だよね。だって，その子が集中していないことはよく分かっているのに，それをそのままに放置している。それはその子を見捨てていることになる。それでいいのかな？」と語るんだよ。その時，絶対に遊んでいる子を見てはいけない。見ると，周りの子が「教師がその子を叱っている」と考え，自分たちには関係ないと思うからね。

田中：で，どうなるのですか？

西川：たいていの場合は，成績上位の子の誰かが動き始めて，その子を教え始めるよ。

田中：なるほど。でも，イメージできないのです。

西川：自由にさせたときに出る姿は，休み時間の時の子どもの姿だよ。子どもたちの8割ぐらいはクラスの誰かとは繋がっている。だから，子どもたちに任せれば8割の子どもはすぐに誰かと一緒に勉強するよ。

田中：そんなものですか？

西川：そんなものだよ。だって，「座りなさい，静かにしなさい，勉強しなさい」と言うより，「立ち歩いてもい

いよ，相談してもいいよ，でも，一人も見捨てては駄目だよ」と言うのとどちらが簡単？

田中：それは後者です。

西川：でしょ。だから笑っちゃうほど簡単にできるんだよ。でもね。8割は誰かと繋がっているけど，2割の子どもはぽつんとしてしまう。休み時間の状態と同じだよ。それに，8割の子どもも特定の子どもと繋がっていて流動性がない。だから，授業中，遊ぶ子どもは遊ぶような子どもと集団を作る。それをさっきの声がけで教師の指示に従う子ども，大体，2割はいると思うけど，その子たちが変えていくんだよ。ぽつんとしている子どもを自分たちの輪の中に入れたり，遊んでいる子たちの中に入っていったりする。ま，4週間，つまり4回程度『学び合い』をやれば8割を9割にあげることが出来る。最後の1割を学びの輪の中に入れるには最短で3ヶ月，まあ，1年の勝負だと思っていいよ。時間はかかるけど，それが達成したとき本当に良いクラスが出来るよ。

田中：なるほど，週1だったら試してみたいですね。

西川：じゃあ，私のクラスと一緒にやらない？

田中：え？でも，西川先生のクラスとは学年が違いますよ。課題はどうやって調整するのですか？

西川：調整する必要はないよ。時間と場所を一緒にすればいい。

田中：でも，時間割調整が必要ですね。

西川：あ，教科を合わせなければならないと思っているでしょ？

田中：え？違うのですか？

西川：違うよ。私は全ての教科で全ての時間，『学び合い』でやっているから，田中さんに合わせられるよ。

田中：え？全ての教科で全ての時間『学び合い』ですか？そんなこと出来るのですか？

西川：出来るよ。でも，まあ，今のところは週1だと思っていいよ。

田中：でも，学年や教科が違って学び合えるのでしょうか？

西川：まあ，総合的な学習の時間や特別活動の異学年のことを想像しているのだと思えばそうなるよね。でも，夏休みの宿題を図書館で勉強することを想像してよ。

ある子が国語をやって，ある子が理科をやっていたとき，国語をやっている子が理科をやっている子に「教えて」と言ったとき，教科が違う，学年が違うから教えられないと言うと思う？

田中：あはははは。それはないですね。考えてみれば，自習みたいなものですね。

西川：そう自習に近いね。でも，もっと近いのは部活だよ。

田中：部活ですか？

西川：田中さんは部活に所属していた？

田中：はい。中学，高校ともテニス部に所属して，テニス漬けでした。

西川：だったら分かりやすいよ。部活の時間の8割，部活の

顧問が前に立ってテニスのことを説明し続けて，実際に練習するのが2割の部活動をどう思う？

田中：どう思うも何も，そんなことはありえません。

西川：でも，子どもたちはテニスのことを顧問ほど知っていない。だから，まず，テニスのことを説明しなければ練習できないじゃない？

田中：そんなことはありません。顧問ほどではないですけど同学年にもテニスのことを知っている子はいますし，ましてや先輩に聞けばいい。

西川：そうかな，確かに教えられるかもしれないけど，顧問の方がもっと知っているよ。やはり子どもが教えるのでは駄目だよ。顧問がしっかりと教えなければ。

田中：テニスは実際に体を動かさなければ学べません。まずは，動く時間を確保しなければなりません。

西川：だよね。私もそう思う。

　実は，この部活の例を授業に置き換えてみなよ。今の授業は大部分の時間，教師の発問・板書によって占められている。なぜかといえば，教師がしっかりと教えなければ駄目だと考えているから。でもね，子どもの中には中の下に合わせた授業だったら教えられる子どもはかなりいるよ。その子たちが教えればいい。そして，教師の話を一方的に聞くより，実際に課題を解いた方がいいよ。それに色々な人と関わりながら人とのつきあい方を学べる。いいでしょ？

田中：でも，教える側の子どもにメリットがあるのですか？

西川：教える側の子どもは既に分かっていることをじっと聞いていなければならない。もう分かっている問題をもう一度解かねばならない。それよりは人に教えた方がいいでしょ？人に教えることが自分の勉強になることは教師だったらみんな知っていることだから。それに自分より勉強の不得意な人とのつきあい方を学べる。

田中：なるほど。

西川：ね。勉強になるし，人としての生き方を学べる。どっかで聞いた話じゃない？

田中：あ，アクティブ・ラーニングですね。

西川：アクティブ・ラーニングの定義は「教員による一方向的な講義形式の教育とは異なり，学修者の能動的な学修への参加を取り入れた教授・学習法の総称。学修者が能動的に学修することによって，認知的，倫理的，社会的能力，教養，知識，経験を含めた汎用的能力の育成を図る。」だよね。まさに，ド・ストライクだよ。

　実は，部活の顧問は部活の時間のほとんどの時間を子どもに任せている。でも，遊んでいるわけではない。ちゃんと見取って，言葉がけをしている。『学び合い』における教師のやっていることと同じなんだ。

追記：『学び合い』の細かい方法に関しては本書巻末の「読書ガイド」をお読み下さい。なお，『学び合い』の動画は以下をご覧下さい。http://goo.gl/TZmRQB

② グローバルは交流学習から

> グローバルの話をもう一度書きたいと思います。あ，嫌な顔しないで下さいね。色々書きましたが，実は長期的に見ればなんとかなる，と私は思っているのです。

西川：グローバルの話をもう一度しようか。

田中：嫌ですよ〜。その話は。

西川：あははははは。大丈夫，明るい話だから。

田中：でも，私は絶対にTOEFLで100点以上なんてとれませんよ。

西川：それで大丈夫なんだよ。

田中：え？

西川：文部科学省はおそらくTOEFLで100点以上の教師をいっぱいとりたいと思っている。しかし，そんなのは不可能だよ。そして，そんな能力の教師は本当はそれほどいらないんだよ。

田中：どういうことですか？

西川：今は機械翻訳が進んでいる。既にスマートフォンに音声で入力することが出来るのは一般的になったよね。そして，一部ではそれを翻訳する機能付きだよ。人工知能の機能が急激にアップしている現在，実用に十分

80

耐えうる機能をスマートフォンレベルで実現出来るのはそれほど先ではないと思うよ。つまり，英語で会話が出来る，英文ですらすら読み書きが出来るというのは決定的な能力ではなくなってくると思う。

田中：なるほど，確かに機械翻訳で流ちょうに会話をしている姿をネットで見たことがあります。

西川：それがどんどん実用化される時代が来るんだよ。

そうなると，流ちょうな英語を使えるよりも，その人の持っている能力が勝負になる。前に言ったけど，人間の持っている時間とエネルギーは有限だよ。英語を学ぶことに費やせば，他に費やせる時間とエネルギーは相対的に少なくなる。そうなれば英語を母語としている人，つまり英語の勉強をしなくていい人には勝てなくなるからね。

田中：そうですよね。なんかホッとしてきました。

西川：そんな時代になったら，英語を流ちょうに話せる能力よりも日本語の「話す」，「書く」の学習を変えるべきだと思う。

田中：どのようにですか？

西川：機械翻訳を使うために，正確な日本語で話せて，書けるトレーニングが必要だね。例えば，主語を省略しないとか，複文・重文ではなく，単文で話し，書けるトレーニングが必要だね。

それに，日本の作文では感情を表現することが重視されているけど，むしろ事実を論理的に書くトレーニ

ングが必要だよね。

田中：なるほど。

西川：田中さんも，学校に勤めてから，教育委員会に出す書類の書き方で悩むでしょ？

田中：はい。

西川：当然だよ。小学校，中学校，高校，そして，大学ですらその種の文章を書くトレーニングをしていないのだから。

田中：なるほど。その他に必要な能力はありますか？

西川：異質な人と異なることを認めて折り合いをつけてつきあう能力だよ。

　例えば，中国の人と尖閣諸島のことを話し合えば絶対に喧嘩になる。でも，それはさておき，話し合って両者にとって利益のあるものを探すことは出来るはずだよ。

　学校ではそんなことを学ぶ必要があるよ。

田中：ということは，学校に中国の人を呼んできて子どもたちと話し合わせるのですか？

西川：あははははは。それも出来たら良いかもしれないけど，定常的には無理だよね。

田中：じゃあどうしたらいいのですか？

西川：もっと身近にいる異質な人と関わらせるんだよ。

田中：だれですか？

西川：特別支援学級の子どもたちだよ。それにアスペルガー症候群の子どもだったら，特別支援学級のない高校で

もいるよね。「健常児は障害を持っている」と，アスペルガー症候群の子どもたちは思っているんだよ。

田中：どんな障害ですか？

西川：その人を嫌っているのに，ニコニコする。平気で嘘をつく。

田中：あはははは。なるほど。健常児は嫌われたくないから自分を偽りますよね。アスペルガー症候群の子どもはそれをしないからぶつかる。

西川：でも，アスペルガー症候群の子どもの正直なところは良いことだ。でも，折り合いをつけるべきだよね。

健常児の子どもは周りに気を遣って演じる。でも，より正直であるべきだよね。折り合いが必要だ。

世の中には自分は簡単に出来ることを出来ない人がいる。自分が難しいのに，それを簡単に出来る人がいる。そのとき，出来るからといって高慢にならず，出来ないからといって卑屈にならず，その人と協力して仲間になれる人になることが大事だよね。

インクルーシブという言葉には，一方が他方を受け入れるという響きがあるね。それよりもグローバルという言葉の方が私は好きだな。

田中：分かりました。しかし，知的な障害がある子どもはどんな課題をやるのですか？

西川：それは特別支援学級でやっている課題をやれば良いんだよ。

田中：え？でも，そんなことしたら知的な障害がある子ども

第4章　だからこそ『学び合い』！

が自分たちよりも簡単な課題をやっていることが周りの子どもに知れてしまいます。それでは可哀想です。

西川：可哀想？

　　　田中さんのその気持ちをまず変えなければならないよ。学校の勉強が不得意だっていいじゃないか？例えば、私はメガ盛のラーメンを食べられるけど、田中さんは普通盛りしか食べられないとする。そのとき、私が田中さんを可哀想と思ったとしたら、田中さんをどう思う？

田中：そりゃ、馬鹿馬鹿しいですよ。

西川：だよね。ラーメンをいっぱい食べられるか否かは重要でないからね。学校の勉強も同じだよ。

田中：え？学校の勉強とラーメンは違います。

西川：何が違う？いや正直に言えば、私も違うと思う。しかし、特別な支援が必要な子を含めた子どもを教えるとき、教師は学校の勉強も相対的な価値しかないと思わなければならない。教師が可哀想な子と思えば、周りの子どもも可哀想な子どもだと思うだろう。そして、その子が自分は可哀想なのだと思う。それではいけない。だから学校の勉強も相対的な価値しかないと思わなければ。

　　　それにね、教師が隠そうとしても、子どもは特別支援学級の子どもがどのレベルの勉強をしているかをだいたいは知っているよ。偏見は無知から生じる。むしろ特別支援学級でどんな勉強をしているかをあらわに

田 中：して、お互いに何をやっているかを知り、関わり合いながらお互いを認めることを促すべきだと思うよ。

田 中：なるほど。

西 川：サイコパスって言葉知っている？

田 中：聞いたことがあります。

西 川：特徴としては、「良心が異常に欠如している」、「他者に冷淡で共感しない」、「慢性的に平然と嘘をつく」、「行動に対する責任が全く取れない」、「罪悪感が皆無」、「自尊心が過大で自己中心的」、「口が達者で表面は魅力的」というものがあるよ。

田 中：怖いですね。

西 川：そういう人は一定の割合でいる。そして、私たちの教え子にもね。思い当たる子どもはいるでしょ。

田 中：はい。

西 川：『学び合い』で一人も見捨てないことを求めれば、そういう子どもともつきあうよ。おそらく巧妙な嘘はつくだろうし、攻撃をするだろう。でも、そういう子どもともつきあえたならば、国際社会でも、かなりしたたかに生きていけるよ。

　それに様々な障害を持つ子どもたちが共に学べば、これからの福祉社会の素地を子どもたちに与えられるよ。

③ 受験は団体戦

> 『学び合い』は学力向上に効果的です。しかし，教師がほとんど発問・板書しない授業では，にわかには信じられないと思います。当然です。しかし，一つの効果は分かりやすいと思います。それはやる気に火をつけることです。

西 川：田中さん。学力向上のポイントは何だと思う？

田 中：しっかりとした教材研究と，それに基づく授業だと思います。

西 川：多くの先生はそう思っているよね。でも，本当にやっているの？田中さん。

田 中：恥ずかしい話ですが，実際にはやっていません。

西 川：それでいいんだよ。だって，1時間の授業のための教材研究にどれほどの時間がかかる？ものすごい時間がかかる。ところが授業は毎日ある。そして，授業以外の書類書きが膨大だよ。出来るわけないよ。

田 中：でも，すべきであると思っています。

西 川：そうかな〜。一つ聞くけど，田中さんが今まで参観した授業の中で，教材研究をしていてそれが授業に反映された素晴らしい授業ってある？

田 中：はい，あります。

西川：じゃあ，それを頭に思い浮かべてね。次に，田中さんのクラスの子どもの顔を一人一人思い浮かべてね。出来た？

田中：はい。

西川：その子どもたちの何割にフィットする？

田中：全員は無理ですが，8割ぐらいです。

西川：本当？テストの点数が8割以上の子がそんなにいるの？そして，成績の良い子どもにとっては退屈でない？それを考えて。何割？

田中：う〜……。5割，いや4割だと思います。

西川：そうだよね。授業はたいてい成績が中の下の子たちに合わせている。そうだとすると3割程度の子どもにとってはわかりきったことだし，2割の子どもはチンプンカンプン。残りの子どもたちだって興味関心は一人一人違う。でも，それが素晴らしい授業なの？

田中：そう言われると身もふたもないですが。

西川：教材研究よりももっと大事なものがあると思う。

田中：何ですか？

西川：当人のやる気だよ。

　　　当人がやる気になったら教材研究していなくても学習が成り立つ，逆に，当人がやる気がなかったらどんな教材研究も無駄だよね。

田中：それはそうですね。

西川：例えば，全国学力テストだってクラスの子どもが最後の一問まで解こうとすれば結果が出るよ。中学校だっ

たら，高校入試の勉強を中学校2年から始めれば結果は出る。ところが，全国学力テストの問題数の多さを見たとたんに解くのをやめてしまう子，中3の夏休み明けになってみんなが受験勉強をしていることに気づく子がいる。そんな子が今より早く本気で受験勉強を始めれば結果に凄く反映されると思うよ。

田中：それはそうです。しかし，言っても変わりません。

西川：そう，教師がいくら言っても変わらないよ。おそらく歴代の担任が口を酸っぱく言っても変わらなかったのだから。

田中：では，どうしたらいいのですか？

西川：教師ではなく，クラスのみんなの一言に効果があるよ。少なくとも教師の言葉がけより効果がある。

田中：では，どうやったら子どもたちが言葉を掛け合うようになるのですか？

西川：『学び合い』だよ。

　夏の炎天下の中でグラウンドを何周も野球部の子たちが走れるのは，みんなで一緒に走っているからだよ。それと同じだよ。

田中：もう少し具体的にやり方を説明して下さい。

西川：まず，全国学力テストが子どもたちにとって，クラスにとってどんな意味があるかを説明する必要があるね。田中さんはやっている？

田中：まあ，簡単には。

西川：そうだよね。その程度では，子どもはやる気を持たな

いのは当然だよ。第一，先生方が全国学力テストは上から言われるからやっている程度だよね。そして，結果が出ても，その直後は気になるけど，すぐに忘れてしまう。そんな程度だったら子どもはやる気を持たない。

田中：でも，なんと説明すれば良いのですか？

西川：学校のチームが県大会に出たらみんな応援するでしょ。あれと同じ。「勉強の大会だ，全員で突破しよう。そして，そのためには，最後の問題まで諦めずに解こう」と言えば良いんだよ。それにね。中学校だったら異学年『学び合い』をやれば効果は絶大だね。

田中：なぜですか？

西川：さっき言ったように，高校入試での最大のポイントは，受験勉強をいつ始めるかだよ。教師はそれが分かっているから口を酸っぱくして早く始めろと言うけど，子どもたちは本気にならない。でも，先輩と一緒に勉強すれば先輩から「早く勉強を始めろ」という一言が出てくるよ。その言葉はリアルに伝わるよ。また，先生方が「うちの学校はチームだ，先輩たちのがんばりは後輩に繋がる」なんて言われれば，後輩と一緒に勉強すればやる気が出るでしょ。

田中：確かに。

西川：ほら，アクティブ・ラーニングは学力向上にも効果的でしょ。

田中：はい。

④ アクティブ・ラーニングの4分類

現在ある「教員による一方向的な講義形式の教育とは異なり,学修者の能動的な学修への参加を取り入れた教授・学習法」は様々あり,アクティブ・ラーニングの候補には様々なものがあります。それらを整理します。

田 中：文部科学省のアクティブ・ラーニングの定義では,「教員による一方向的な講義形式の教育とは異なり,学修者の能動的な学修への参加を取り入れた教授・学習法の総称。学修者が能動的に学修することによって,認知的,倫理的,社会的能力,教養,知識,経験を含めた汎用的能力の育成を図る。」ものは全て入りますよね。そして発見学習,問題解決学習,体験学習,調査学習,グループ・ディスカッション,ディベート,グループ・ワークが例示され,そして「等」もつけてあります。それらと二重括弧の『学び合い』との違いがよく分からないのです。そのあたりを教えて下さい。

西 川：確かにそうだよね。おそらく全国の学校の研究テーマで使われるキーワードの中で,最も多く使われるのが"学び合い"じゃないかな？よくあるでしょ「学び合い,高め合い」という言葉。これなんかもアクティ

ブ・ラーニングに含まれるよね。

田中：はい，それと『学び合い』の違いがよく分からないのです。

西川：アクティブ・ラーニングは4つに分類出来ると思っているよ。

田中：4つにですか？

西川：子どもたちの関わりを大事にした授業には様々なものがあるよ。文部科学省が例示したもの以外にも，その形態によってグループ学習，班学習，ミニティーチャー，バズ学習，ジグソー法，ペア学習などもあるよ。それらもアクティブ・ラーニングと呼べるよ。大きな書店のアクティブ・ラーニング関係の本を集めたらそれだけで2,3の本棚が埋まるほど多様だよね。そのアクティブ・ラーニングは大きく分けて手段としてのアクティブ・ラーニングと目的としてのアクティブ・ラーニングに分かれるよ。

田中：手段としての……？

西川：何かを向上させるための手段としてアクティブ・ラーニングを利用する授業だよ。これがアクティブ・ラーニングと呼ばれる授業の圧倒的大多数を占める。この手段としてのアクティブ・ラーニングは達成したいものによって，学力向上のためのアクティブ・ラーニングと人間関係向上のためのアクティブ・ラーニングに分けられる。

　どこで見分ければいいかは，何をもってアクティ

ブ・ラーニングを達成したか否かを評価するかで分かる。学力向上のためのアクティブ・ラーニングの場合はテストの点数で達成したか否かを評価する場合が多い。人間関係向上のためのアクティブ・ラーニングの場合は，Q-U検査や，子どもの言葉が優しいものになっているか否かで評価するね。

　それらを両方とも評価したとしても，両者は別々に扱われ，両者を関連して分析することはほとんどないと思うよ。

　両者を評価している場合でも，先生方によってスタンスは違うね。人間関係向上が目的の先生からは「我々のアクティブ・ラーニングはテストで計れるものではない」という発言が出ると思うよ。逆に，学力向上が目的の先生からは「子どもや保護者がまず望むのは入試の結果だ」という意見が会議の中で出る。いずれも学力向上と人間関係向上は，ぎりぎりまで進めれば両者は矛盾すると考えるからこその発言だよ。

田中：確かに，学校で研修テーマを設けても，一人一人の先生が違ったことをイメージすることはよくあることですね。

西川：でも，いずれにせよ，問題が起こる。例えば，学力向上のためのアクティブ・ラーニングの場合は，テストの点数が念頭にあるため，「よく学び合ったらプラス10点を上げます」のような評価をする場合があるよ。これは学び合うこと自体が，テストの点数の10点ほど

の価値であることを子どもたちの前で言っていることと同じだよ。

　人間関係向上のためのアクティブ・ラーニングの場合は，受験やテストの点数のために勉強している子を説得することが困難になる。これは小学校高学年からハッキリしてくる。そして，中学校・高等学校になるとにっちもさっちもいかなくなってしまうよ。だから，中学校や高等学校で人間関係向上のためのアクティブ・ラーニングというのは少なくなってしまう。ある場合は学力向上のためのアクティブ・ラーニングとの抱き合わせになる。でも，その場合は学力向上が主たる目的となるため，本当に低学力の子どもや対人関係が築けない子はアクティブ・ラーニングの輪の中に入れないという結果を引き起こしてしまう。そして，職員同士の中で，学力向上か人間関係向上のいずれを大事にすべきかという意見の相違が生じる。

　荒れた中学校の場合は人間関係のためのアクティブ・ラーニングで学校が一致する場合もあるけど，学校が落ち着いてくると，「子どもや保護者がまず望むのは入試の結果だ」という意見が会議の中で出るようになってしまうね。

　そして，そもそも手段としてのアクティブ・ラーニングはアクティブ・ラーニングではないよ。なぜならアクティブ・ラーニングとは「認知的，倫理的，社会的能力，教養，知識，経験を含めた汎用的能力の育

成」だから。そこには「認知的」であり「倫理的」能力を育てなければならない。従って，学力を上げつつ，心も成長させなければならない。だから，教科学習で「君たちの学修は人としてこれでいいのか？」と語れる教育がアクティブ・ラーニングなんだよ。

田中：では，目的としてのアクティブ・ラーニングとは何ですか？

西川：目的としてのアクティブ・ラーニングの場合は，学力向上と人間関係向上を分けない。例えばコインの裏と表と同様に，学力向上と人間関係向上が表裏一体であると考える。そして，人と関わることによって表裏一体に育てることができ，それこそが学校教育の本質的な価値だと考える。それが目的としてのアクティブ・ラーニングの特徴だよ。つまり文部科学省の「学修者が能動的に学修することによって，認知的，倫理的，社会的能力，教養，知識，経験を含めた汎用的能力の育成を図る。」ということだよ。

　この目的としてのアクティブ・ラーニングは，子どもたちの能力，逆に言えば，教師の能力をどの程度に評価をするかで二つに分かれる。子どもたちの能力を高く評価する一方，教師の能力には限界があると考えるアクティブ・ラーニングで，これが『学び合い』だよ。一方，子どもの能力には限界があると考え，教師の能力によって子どもの能力の足りないところを補えると考えるアクティブ・ラーニングもある。

田 中：なるほど，これで4つに分けられましたね。以下みたいにまとめられますね。

手段：①人間関係 or ②成績

目的：③教師の能力重視 or ④子どもたちの能力重視

③と④の違いは，どこで見分けがつくのですか？

西 川：それは見ればすぐに分かるよ。「子どもたちの能力を高く評価する，目的としてのアクティブ・ラーニング」では，子どもたちの関わりの中に教師はいないし，目立った手立てをせず，子どもたちのアクティブ・ラーニングのきっかけや場を与えることに集中する。「教師の能力を高く評価する，目的としてのアクティブ・ラーニング」の場合は，アクティブ・ラーニングの中心に教師がいて，様々な手立てで子どもたちを繋げようとする。

田 中：でも，授業は教師が主導すべきですよね。それが仕事ですから。だから，「教師の能力を高く評価する，目的としてのアクティブ・ラーニング」であるべきのように思うのですが。

西 川：でも，それはおそらく不可能だと思う。だって，「教師の能力を高く評価する，目的としてのアクティブ・ラーニング」の場合は，子どもたち三十人の発言を瞬時に判断し，適切に繋げ，積み上げる能力が必要だよ。それが出来るとしたらエスパーしか出来ないと思う。田中さんはエスパー？

田 中：いいえ違います。

⑤ 『学び合い』の利点

> 『学び合い』は個人としても，また，学校として実践する場合も，他にない利点が様々あります。ここで述べた特徴を意識してみると面白いと思います。

田 中：様々あるアクティブ・ラーニングの中で『学び合い』が良い理由として，学力と人間関係が矛盾しない，また，普通の教師でも出来るという理由があることが分かりました。他にはありませんか？

西 川：大きなところでは５つあるね。

田 中：それは何ですか？

西 川：第一に，理論があること。

　世の中には，こういうときにはこうしたらいいよ，というノウハウはかなりある。でも，ノウハウを蓄積することによって解決しようとした場合，際限がなくなってしまうよ。それに，そのノウハウが直接示していないことが起こると，どうしていいか分からなくなってしまう。

　それに理論が無いと子どもも混乱するよ。例えば，校長が「指示通りにやりなさい」と言ったり，「君たちの自由にやりなさい」と言ったりしたら職員も混乱

するよね。例えば、朝食にステーキと素麺とケーキと海藻サラダとチャーシューとピザを出したとする。その人に「何でそんなメニューにしたの？」と聞いたら、「だって、ステーキも、素麺も、ケーキも、海藻サラダも、チャーシュー麺も、ピザも、あなたは大好きでしょ」と答えたとする。さて、そんな人をどう思う？

田中：無茶苦茶だと思います。

西川：そうだよね。実践も同じだよ。どんな教材も指導法も、その背景には様々な前提がある。ところが、一般の教育本や研修会では、その部分が省略されている。筆者や講師がそれを当たり前にしている場合もあるけど、当人自身がそれを意識したことがない場合もあるよ。

　自らが独自の教材や指導法を開発するような人は、当人が意識するかしないかは別にして強い前提を持っている。だから、その人が生み出す教材や指導法には一貫性がある。ところが、前提を明らかにしていない本や研修会では、その人の前提が見えない。でも、試してみれば、それなりに効果がある。そこで、その教材や指導法をツールの一つとして持つ。そのようなツールが多くなることが、引き出しが多くなると言って喜ぶ。しかし、子どもは教材や指導法を見ているのではないよ。それを使っている教師を見ているんだよ。少なくともクラスの２割はそういう子だよ。そして、その子はクラスの子どもから一目置かれる存在だよ。

　様々な教材や指導法を理論なく使えば、さっき言っ

たバラバラの料理を出す人と同じになってしまう。

　いわゆる勉強熱心な先生の中に，残念ながらその様な方がいる。仕方がないね。引き出しが多いことが良いこととする文化の中にいるのだから。しかし，その様な教師に対してクラスの２割はどうみると思う？おそらく，芸人としては評価するかもしれないけど，教師としては評価しないと思うよ。それは，最初に言った料理を出す人が個々の料理が美味しければ料理人としては評価されても，食卓を任せられる人とは思われないのと同じだよ。そして，芸人として見られる教師は，芸人並みの敬意や影響力しか持たない。

　一方，理論的に語れるか否かは別として，自分なりの軸を持っている人はいるよ。その様な人は，自分の軸に合わない教材や指導法を拒否する。だから一貫している。ただ，その人の軸が教科指導以外にも子どもにどのような影響を与えるかを意識していない場合が少なくないよ。

　前の前に同僚だった人から，私が『学び合い』を実践していることに反対されたんだ。その先生の一斉指導の能力は高く，周りの先生から一目も二目も置かれている。教師が一人一人をぐいぐいとコントロールするタイプで，子どもたちは教師と強く繋がっていた。

　その学校の校長先生は「あの先生は協働を大事にしている。例えば三十人三十一脚などでクラスづくりをしている。なんで，『学び合い』にあれほど反発する

のだろう？」と言っていた。その先生のクラスをのぞいてみると，そのクラスの子どもは教師の目の前で「いい子」を演じていたよ。だから，教師の見えないところで様々な闇が見える。学活の際にどんなに「みんなで達成することが大事だ」，「仲間を大切にしよう」と言ったって子どもはその言葉を信じない。その教師と最も多く接する時間，即ち，授業時間におけるその教師の言動に基づいて，その教師の言葉を理解する。つまり，「みんなで達成することが大事だ」，「仲間を大切にしよう」とは，自分の目の前で自分を中心として達成する集団を求めていることを察するだろう。そして，その子どもたちの判断は正しい。

　教師は自分なりの理論を持つべきだよ。理論とは短い，そして数少ない原理原則を明記することが出来ることだ。そして，ありとあらゆる場面で，その原理原則に反しない行動をし続けられることだ。それは教科指導のみならず，学校における時間の1分1秒も例外もなくね。残念ながら，教材や指導法の集合体が理論と思われている。

田　中：なるほど。

西　川：これは学校レベルでの研修テーマも同じだよ。理論が無いと，先生方がばらばらになってしまう。

田　中：ありがちですね。

西　川：理論書があるかないかを調べるといいよ。意外にないから。そのようなものが無いと属人的になるよね。つ

まり，どこの学校の実践と同じかどうかが判断基準になったり，ある先生が正しいか否かを判断するようになったりすることになるよ。『学び合い』には理論があるし，それが本で明記されている。

田　中：なるほど。

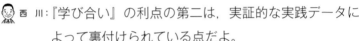『学び合い』の利点の第二は，実証的な実践データによって裏付けられている点だよ。

世の中には理論としては整理されているけど，実践すると効果が無くて，「理論的にはそうなるのだけど」という理論もある。それでは意味は無いよね。

また，優れた実践者がやったら素晴らしかったけど，普通の教師がやってみたら上手くいかなかった，でも困るよね。

普通の教師が実践して，効果があり，なぜ効果があるかが実証的に示されるべきだよ。『学び合い』はそれがある。

田　中：なるほど。

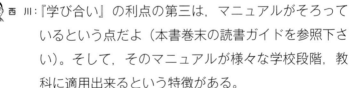『学び合い』の利点の第三は，マニュアルがそろっているという点だよ（本書巻末の読書ガイドを参照下さい）。そして，そのマニュアルが様々な学校段階，教科に適用出来るという特徴がある。

実証的なデータに裏打ちされた理論があっても，いざ実践しようとしたとき，具体的なノウハウが分からないと実践できない。

前に説明したことを考えれば，アクティブ・ラーニ

ングは最終的には学校レベルで取り組まなければならないよ。

　田中さんみたいな若い教師もすぐに取り組まなければならない。でも、今も昔も若い教師には余裕がない。必要なのは明日の授業に必要なものだ。でしょ？

田　中：はい。

西　川：若い教師ばかりではなく、子育てで忙しい教師も同じだよ。だから、マニュアルが必要で、『学び合い』にはそれがそろっている。

　さっき言ったけど『学び合い』はもの凄くシンプルな理論から構成されているよ。従って、方法論ももの凄くシンプルだよ。シンプルだから即効性がある。これが第四の利点だよ。以前、2時間の飛び込み授業の『学び合い』で子どもたちを変えたのを参観してビックリしたよ。

田　中：2時間？

西　川：そう2時間。そこから1年かけてさらに子どもたちを高めていくけど、2時間でもかなり変わる。私も『学び合い』を最初にやったときは出来なかったけど、2年目以降は2週間ぐらいで子どもが変わることを実感しているよ。

田　中：2週間でですか？

西　川：ようは「一人も見捨てない」という言葉を真面目に語ればいいだけだから。

　とても有効だけど、膨大なステップの手立てがかか

ったり、効果が出るまでに半年では続かないよね。それに『学び合い』は学校段階、教科・単元に依存しない。実践して起こるであろう失敗は既に出尽くしている。そして、シンプルな理論なので、その失敗を避ける方法、また失敗から復帰する方法もシンプルだよ。だから一定数の本を読めば十分なの。

　それに、『学び合い』は合同『学び合い』、すなわち、定常的に一緒に授業を共にすることが出来る。今、田中さんといっしょにやっていることだよ。

　中学校や高校は教科担任制だよね。異なった教科の先生が同じ理論に基づく授業を実践出来るのは『学び合い』の特徴の一つだよ。教科を超えて一緒に授業が出来る、だから田中さんとも無理なく一緒に授業出来るんだよ。これが『学び合い』の第五番目の利点だよ。『学び合い』だと異なった学年、異なった教科で一緒に授業が出来る。

田中：あれは本当に勉強になります。

西川：一緒に授業すれば、その場で伝えることが出来る。それにね、田中さんと一緒に授業して、田中さんと話すと私も頭が整理できるんだよ。

田中：そうなのですか？

　でも、週1回の『学び合い』を全校レベルに広げたいと思うようになりました。

西川：私もそう思っているよ。前に話したように、アクティブ・ラーニングの影響は今までとは違って、「そこそ

こやればいい」ではすまない。そして，私たちが教えている子どもたちの多くはそれを問われる可能性がある。小学校，中学校，高校の全ての教師が，今から出来ることをして，力をつけてあげる必要があるね。

田中：それに，西川先生と一緒に合同『学び合い』をやっているうちに感じるのですが，教師自身もアクティブ・ラーニングをしなければならないと思うのです。先生と一緒に授業すると楽しいし，ためになる。

西川：お〜，良いこと言うね。全くだよ。
　　　私も田中さんと一緒に授業すると頭が整理されるし，それにね，ふふふ。実はね，田中さんに色々大変なお願いをしやすくなっているんだ。

田中：私の出来ることだったら，いつでもどうぞ。

西川：ありがたい。年を取ると，体と集中力がついていかないから，若い田中さんに手伝って貰えると大助かりだよ。

田中：『学び合い』を広げるには，どうしたらいいのですか？

西川：とりあえずは，あと一人の仲間を見付けることだよ。三人が実践していると一つの集団になる。だから周りも簡単に潰せなくなる。そこで，徐々に結果を出して周りに広げればいいんだよ。

6 今後は

　これからの二十年間は激動の時代になると思います。明治の学校制度が生まれてから続いてきたものが崩れていきます。当然，一気には変わりません。二つの異質な教育が併存することになります。

田中：これから学校はどうなるのでしょうか？何が何だか分からなくなりました。

西川：なるほど。じゃあ，ちゃんと説明するね。
　　　今の一斉指導が人類の歴史の中でどれほど昔からあったと思う？

田中：ずっと昔からではないのですか？

西川：いいや，日本では百数十年，欧米でも約二百年の歴史しかないよ。長いようだけど，人類の百万年を超える歴史の中では微々たるものだよ。例えば猿人の時代に黒板の前で授業していたと思う？

田中：あはははは。そのようなことはありませんね。

西川：中世の教育だって『学び合い』だよ。例えば，有名な吉田松陰の松下村塾だって，緒方洪庵の適々斎塾だって，一斉指導ではなく『学び合い』だよ。吉田松陰も緒方洪庵も教科内容を子どもたちに教えていないよ。

104

彼らが教えていたのは学ぶ意味だよ。そして塾生同士が互いに切磋琢磨し，学び合っていたよ。

それに，今も，圧倒的大多数の教育は『学び合い』で行われているよ。

田中：え？？？？

西川：教育は学校だけでやっているわけではないよ。職場での教育を思い出して。例えば，職員室。校長先生が一方的に指示を与え，先生同士が相談したら「私語は禁止です」なんて職員室で，先生方が伸びると思う？

田中：あはははは。それはそうですね。でも，子どもと大人は違うのではないですか？

西川：どこが違うの？

田中：それは出来ることが違います。

西川：新規採用の時を思い出してよ。掲示物の貼り方すら分からなかったよね。だって，大学で教えて貰ってないから。じゃあ，新規採用者は「職員同士の私語禁止です」で校長先生に教えて貰った方が良いと思う？

田中：あはははは。それは違うと思います。そういえば，新規採用の時に指導して頂いた新採研修の先生はいい先生でしたが，私と相性が悪くて，苦労しました……。

西川：でしょ。これはどんな職場も同じ。だから，どんな職業の職場でも，その職業での職能形成は『学び合い』でやっているよ。これはずっと昔からやっていた。それは徒弟制と呼ばれているよ。

徒弟制度では親方が直接教えることは希で，仲間同

士で学び合って成長する。

とにかく，今も昔も『学び合い』の方が一般的なんだ。むしろ，学校の方が変なんだよ。

田中：一斉指導が変ですか？では，なぜ，今，一斉指導が主流なのですか？

西川：近代の学校制度が生まれた時期は，ちょうど中世の身分制度が崩壊した時期に一致するよ。逆に言えば，その崩壊に対応するために近代の学校制度が生まれたと言っても良いと思う。

昔は大工の子は大工になれば良かった。商人の子どもは商人になれば良かった。農夫は農夫になれば良かった。そして，勉強する人の数に比べて，教えられる人の数は十分に多かった。例えば，大工になろうとする子は，大工の親方や先輩から教えて貰えた。だから，徒弟制度が成り立っていたんだよ。

田中：なるほど。では，今とどこが違うのですか？

西川：身分制度が崩壊したため，どんな職業にもなれるようになった。そのために，どんな職業になっても役に立つような知識・技能が整理され，それを学習するようになったの。でも，どんな職業になっても役立つような知識・技能を網羅的に持っている人はいなかったよ。

田中：じゃあ，どうしたのですか？

西川：そこで「どんな職業になっても役立つような知識・技能」を教えられる，「教師」という職業が生まれたの。

だから，どんな職業になっても役立つような知識・

技能を網羅的に持っている人は，その当時は教師しかいなかったよ。

　　そのため，一人の教師が多くの子どもに教える必要があった。だから，一斉指導しか方法はなかったんだ。

田中：な～るほど。だから，職場の教育と違うのですね？

西川：さらにね，明治時代は本が高価だった。当時の教科書を見たことある？とても薄くて，文字も少ないよ。

田中：博物館で見たことがありますが，本当にペラペラでした。

西川：本が高かったからね。だから，ちゃんとした本は教師だけが持っていたの。教師はそれを黒板に書いて，子どもがノートに写す，という指導が生まれたんだよ。つまり，遣唐使が唐で仏典を写経しているのと同じなの。

田中：写経ですか……。じゃあ，今，『学び合い』が出来るのはなぜですか？

西川：戦後になって保護者が子どもの教育にお金をかけるようになった。以前話したように，文部科学省の統計によれば，日本の２，３割の子どもは塾・予備校・通信教材・家庭教師の教育を受けているよ。それに親も高学歴になった．中には教員免許を持っている人も少なくないよ。

　　ところで田中さん，何度も言っているけど授業を計画するとき，クラスの成績が中か，中の下ぐらいの子どもの顔を思い浮かべるでしょ？

第4章　だからこそ『学び合い』！

田 中：はい。
西 川：そうでしょ。成績上位に合わせた授業をすればクラス中はチンプンカンプンだよね。それに上位はあまり教えなくても出来る。成績下位に合わせた授業をすれば，クラス中は退屈になってしまうし，第一に授業内容を年間で終わらせることが出来ない。それだから，中か，中の下に合わせる授業をする。これは小中高のいずれの教科でも同じだよね。

　ということは，塾・予備校・通信教材・家庭教師の教育を受けている２，３割の子どもは教えられるレベルだよ。『学び合い』はこのような社会の変化に伴って，もともとホモ・サピエンスが昔からやっていた学習に戻しているだけのことだよ。

　つまり，変わった教育を始めたのではなくて，過渡的にはしかたなく始めた一斉指導を，条件がそろったから戻すだけのことだよ。
田 中：なるほど。でも，そんなに簡単に変わりますか？
西 川：変わらないだろうね。
田 中：では，今のままなのですか？
西 川：全体を変えようとしたらものすごく時間も予算もかかってしまう。だから，今回の一連の改革はスーパーグローバル大学に選ばれる大学がターゲットとなっているよ。そして，そこに生徒を進学させようとする高校，その高校に生徒を進学させようとする子どもがかなりいる中学校がターゲットになっていると思う。そして，

それをスピードアップさせるために、スーパーグローバル大学に進学する生徒を養成するために、平成14年からスーパーサイエンスハイスクール、平成26年度からスーパーグローバルハイスクールを立ち上げたよ。

田中：スーパーサイエンスハイスクール、スーパーグローバルハイスクールはそんな意味があったのですか？

西川：文部科学省の中には十年、二十年以上の単位で教育を考えている人たちがいるよ。

田中：なるほど。では、スーパーグローバル大学はどんな風に変わるのですか？

西川：おそらくアメリカのAO入試を参考にするね。具体的には、基礎的な能力を「高等学校基礎学力テスト（仮称）」ともう一つは「大学入学希望者学力評価テスト（仮称）」の段階別表示で確認する。基礎学力を評価しなかった現在の推薦入試やAO入試とは違うね。

その後は選抜に特化した専門職員を使って長い時間をかけて人物評価をするだろう。また、今までと違った問題で評価しようとするだろうね。

田中：どんな問題で評価するのですか？

西川：一つの参考になるのがオックスフォード大学やケンブリッジ大学、いわゆるオックスブリッジでの試験問題だね。例えばここに「オックスフォード大学・ケンブリッジ大学の入試問題：あなたは自分を利口だと思いますか？」という本があるよ。その中には面白い問題がいっぱいあるよ。例えば、

「あなたは自分を利口だと思いますか？」（ケンブリッジ大学法学）

「ありを落とすとどうなりますか？」（オックスフォード大学物理学）

「もし全能の神がいるとしたら，神は自分が持ち上げられない石を造ることができるでしょうか？」（オックスフォード大学古典学）

「自分の腎臓を売ってもいいでしょうか？」（ケンブリッジ大学医学）

というものがある。

- 田 中：は〜，どうやっていいのか分かりません。
- 西 川：それはそうだね，そんなトレーニングを受けておらず，基礎的知識の多寡を評価されるテストで大学に入り，教員に採用されたのだから。
- 田 中：答えは何なんですか？
- 西 川：あははは。それは本を買って読みなよ。

  そもそもこの種の問題に一つの答えはないよ。その場で，自分なりの答えを出して試験官を納得させれば良いんだよ。
- 田 中：凄いですね。
- 西 川：文部科学省はハーバード大学をはじめとするアイビー・リーグの大学をイメージし，そこでの AO 入試を想定しているように答申からは感じられるよ。アイビー・リーグの試験とオックスブリッジの試験とは違う。

また，何度か話したけど日本の大学のマンパワーから考えて本格的なAO入試は出来ないだろう。しかし，先に挙げたような今までの日本ではほとんど問われなかった問題が問われるようになるだろう。この種の問題は，問われる受験生と同時に，試験する大学教員側も同時に問われる問題だと言えるね。受験生をグループにしてその中で解決させれば協働力は見えるね。

田中：でも，そうなるとグループのメンバーに誰がいるかに大きく依存しますね。

西川：受験生は何問も問われ，その度に違ったグループで受験すればいいんだよ。

田中：でも，それではものすごく手間がかかりますよ。

西川：そのぐらい時間をかけてじっくりと人物を見て合格を決めるのが今後のテストの在り方だよ。

田中：しかし，西川先生は多くの大学はそうしないだろうとおっしゃっていましたよね？

西川：スーパーグローバル大学では，徐々にオックスブリッジ並みの試験をするようにシフトするよ。しかし，それ以外の大学はそうしないだろう。オックスブリッジ並みの問題を作問するには，それ専門の職員も必要だろう。また，そもそもその様な問題より，今まで通りの問題の方がいいと思っている大学教師の力が強い。おそらく，「高等学校基礎学力テスト（仮称）」と「大学入学希望者学力評価テスト（仮称）」の段階別表示を最大限に使って，そこに面接を加味するだろう。も

しかしたら集団面接を加えてアクティブ・ラーニングに対応したと言うだろうね。

　そして結局は今まで通りの基礎的知識の多寡で合否が決まることになるよ。

田中：そうなると，スーパーグローバル大学と今までとあまり変わりない試験を出す大学に分かれることになりますね。

　じゃあ，高校はどのように対策をすれば良いのですか？

西川：あはははははは。凄く困るだろうね。

　全員がスーパーグローバル大学に進学するような高校，また，全員がその他の大学に進学するような高校，また，全員が大学に進学しないような高校の場合は，それ用の対策をとれば良いんだよ。

　困るのは生徒の中にスーパーグローバル大学に進学する子も，その他の大学に進学する子も一定数いる高校だよ。その学校がどのような対策をしたら良いんだろうか？

田中：見当もつきません。

西川：それにね。スーパーグローバル大学だっていきなりオックスブリッジの出すような問題を出すとは思えない。おそらく，今までの問題をベースにして，合科型・総合型にすることによって子どもたちが今まで学んでいないことを問うような形になるだろう。そして，その変化はスーパーグローバル大学の中でも違ってくる。

どのように対策をしたら良いと思う？

田中：まったく見当もつきません。

西川：『学び合い』だよ。

『学び合い』では今まで通りの課題をそのままアクティブ・ラーニングにすることが出来る。だからスーパーグローバル大学対策であり、その他の大学対策にもなるんだよ。もちろん、大学に進学しない子どもにも対応できる。

田中：なるほど。そうですね。

でも、不思議ですよね。受験産業がこのことを全く言わないのはなぜですか？

西川：あはははは。

そりゃそうだよ。だって自分たちが売っている商品が数年後には価値がなくなることを声高に言う人がいる？いないよね。当然言わないし、聞かれたら、たいしたことないと答えるよ。

ある人から聞いたんだけど「センター入試は廃止されない。今のままだ」と断言した予備校関係者がいるんだって。正直、その話を聞いて笑ってしまったよ。だって、中央教育審議会の「新しい時代にふさわしい高大接続の実現に向けた高等学校教育、大学教育、大学入学者選抜の一体的改革について」という答申、そして、それに対応した「高大接続改革実行プラン」でセンター試験は廃止することが明記されているのに、廃止されないと断言するなんて常軌を逸しているね。

受験産業の人だったら，文部行政における中央教育審議会の位置づけや工程表の意味が分かっているはずだよ。だから意識的に嘘を言っているのだよね。それだけ追い詰められているとも言えるよ。

田中：そんなに中央教育審議会で決めるということはそれほどの意味があるのですか？

西川：中央教育審議会の答申を反故にすることはあり得ない話だね。

ただし，「センター入試は廃止され，新テストは導入されるけど，実質変わらない」というのだったら十分にあり得るよ。

田中：意味が分かりません。

西川：さっき言ったように，多くの大学入試が旧態依然である可能性は十分にあるよ。その意味では実質変わらないということは十分にあり得る。ただし，彼らも自分たちのユーザーの中核であるスーパーグローバル大学の入試に自分たちが対応出来ないことは口をつぐんでいるんだよ。

田中：西川先生は今回の改革は一部の大学，一部の高校の改革だとおっしゃいましたね。では，それ以外の大学や高校は変わらないのですか？

西川：いいや，やがて変わるよ。

大学の方は予算の方からじわじわと変わることを求められるよ。本当の入試改革をするためには，それ専門のスタッフをそろえなければならない。そのような

スタッフをそろえるには，退職者が出たときに補うことが出来る。だから時間はかかる。それは文部科学省だって分かっていると思うよ。

　保守的であることは決して否定されるべきものではないよ。全員がすぐに右向け右で変わったら日本は大変なことになってしまう。ゆっくりと吟味し，判断する人は絶対に大事だよ。大学の教師は有能だよ。じっくりと判断し，しっかりと変化すると思う。

　公立高校や公立中学校の教師は異動する。その中で徐々にアクティブ・ラーニングに対応できる教師が増えてくるだろう。そして，義務教育の中で異動のある都道府県の場合は，そこから小学校にも広がるだろう。

　今回の改革は20年前からはじまった改革だよ。完成するまであと20年ぐらいはかかっても仕方がないね。

田中：気の長い話ですね。

西川：その頃，私は退職しているけど，田中さんは改革の中心にいる時代だね。

田中：西川先生，私はどのように対応したら良いのでしょうか？

西川：大きな流れは今まで話したとおりだよ。10年，20年の時間の長さで言えば，これは動かしようもない流れだと思う。しかし，どのスピードで進むかは不確定な部分が少なくない。

　例えばスーパーグローバル大学にも入試改革を嫌がる人はいるよ。その人たちと，改革をしなければ大学

が成り立たないと思っている人との綱引きがあるだろう。そして，スーパーグローバル大学以外でも起こるだろう。それは高校も中学校も小学校も同じだよ。

現実問題，現状のスーパーグローバルハイスクールとスーパーサイエンスハイスクールの絶対数は少ないし，全面的にアクティブ・ラーニングに対応できていない。

田中：では，今のままでも，まあ，大丈夫，ということですか？

西川：そういう面もあるかもしれない。進行速度は分からないからね。でもね，その時，「だからまだいい」と考えるのと「だから，今から」と考えるのでは天と地の差があるよ。

考えてみて。大学入試が大きく変わり，どうしようもないことが分かってから改革しようとする高校もいるだろう。同じように，高校入試が大きく変わり，どうしようもないことが分かってから改革しようとする中学校もあるだろう。しかし，改革しようと思ってから実際に対応できる学校になるために何年かかると思う？　今までとは全く違う授業を先生方が出来るようになり，それが学校の文化となるのに何年かかると思う？まあ最短でも３年はかかるね。つまり，その文化で育った子どもで１年から３年で占められるようになるまでの時間がかかる。

その３年間は，先行して改革した学校には太刀打ち

できなくなるんだよ。

　おそらく，中学校の進路指導の先生の全員が中長期のスパンで物事を見ているわけではないよ。多くの人は，いままでのデータ，具体的には受験産業の情報に基づいて進路指導をすると思う。しかし，前に話したように受験産業自体が大混乱になっていて，前と変わりませんと言い続けているところもあるのだから。でも，それらに惑わされずに，正しい情報を収集する進路指導の先生もおられる。

田中：では，不確かなところもある状態で何をすべきだと西川先生は思いますか？

西川：『学び合い』のように，今の受験で問われている知識・技能をアクティブ・ラーニングで学ぶというのが安全策だね。その安全策を一歩先んじて試行することが最初にすべきことだと思う。

田中：なるほど。まずはやってみる，ですね。

西川：方向性は変わらないから。それに，受験だけの問題ではないよ。前に言ったように，我々教師が子どもたちに与えられる最大のプレゼントは「仲間」だ。それを与えられる教育をまずやることは絶対に正しいことだと思うよ。

田中：はい。

 ## 7 読書ガイド

　本書は『学び合い』自体を理解していただくことを目的としておりません。そのため，『学び合い』自体の説明を大幅に省略しております。これから学ぼうとする方への読書ガイドです。

　とりあえず私の本を紹介します。

　『学び合い』の良さをざっと分かるためには，「クラスが元気になる！『学び合い』スタートブック」（学陽書房）がお勧めです。また，会話形式の「クラスと学校が幸せになる『学び合い』入門」（明治図書）をお読みください。

　実際に授業をするには様々なテクニックが必要です。『学び合い』のテクニックを全般的にざっと知るのであれば「クラスがうまくいく『学び合い』ステップアップ」（学陽書房）をお読みください。

　テクニックの中で言葉がけに関しては「気になる子への子どもへの言葉がけ入門」（明治図書），「『学び合い』を成功させる教師の言葉かけ」（東洋館）をご覧下さい。

　テクニックの中で子どもの見取りに関しては「子どもたちのことが奥の奥までわかる見取り入門」（明治図書），課題づくりは「子どもが夢中になる課題づくり入門」（明治図書）をご覧下さい。

　『学び合い』で成績を上げたい場合は「簡単で確実に伸びる学力向上テクニック入門」（明治図書），特別支援の必要な子ど

もに対しては「『学び合い』で「気になる子」のいるクラスがうまくいく！」（学陽書房），理科に関しては「理科だからできる本当の「言語活動」」（東洋館）をご覧下さい。

　そして，学校レベルで『学び合い』を取り組む場合は合同『学び合い』がベストです。「学校が元気になる『学び合い』ジャンプアップ」（学陽書房）をご覧下さい。

　なお，私以外にも「成功する『学び合い』はここが違う！」（学事出版），「これだけは知っておきたい『学び合い』の基礎・基本」（学事出版），「『学び合い』カンタン課題づくり」（学陽書房），「教師のための『学び合い』コミュニティのつくりかた」（北大路出版），「成功する！『学び合い』授業の作り方」（明治図書）が続々と出版されています。

　なお，本を読むと同時に『学び合い』の生を参観することを勧めます。参観された方は，本では読み取れなかった子どもの凄さを感じることが出来ます。私にメールしていただければ（jun@iamjun.com），近くの実践者を紹介します。また，上越においでいただければ歓迎します。

　また，『学び合い』のブログ群（http://manabiai.g.hatena.ne.jp/）があります。登録していただければ，各地の実践者の日々の実践が分かります。FBにも同様のグループが存在します。

　『学び合い』は県庁所在地でもない地方都市にある小さい大学の一教師が始めたことです。これが全国に広がっている理由は一つです。「簡単で，すぐに効果がある」からです。

あとがき

　私が理科教育学で頑張っていた時の話です。ある学会の全国大会に私のゼミの院生と参加しました。その大会では認知研究が中心に位置づけられ，良いポジションで発表が出来ました。院生さんから「西川先生はなぜ，今後は認知研究が主流になると分かったのですか？」と聞かれました。私は満面の笑みをたたえて「主流になることを予想したのではなく，主流にしたんだよ」と応えました。

　当時，私は三十代半ばでした。その頃の理科教育学は，古くからの教育学の流れをくむ教育史と比較教育，そして教材開発が主流でした。そして認知研究は異端であり，迫害を受けていました。そこで，同年代の生きの良い研究者とグループを作りました。そして，個々独立でやっていた研究を認知研究という旗印の下で発表しました。生きの良い研究者が集団で発表すればかなり目立ちます。そして，いつの間にか，異端であった認知研究が主流になりました。当時の仲間は，今ではそれぞれの分野で学会長レベルのポジションについています。

　これから教員は，アクティブ・ラーニングというキーワードの中で激流の中にたたき込まれます。多くの教師はその急流の中に飲み込まれ，何が何だか分からない状態になると思います。しかし，本書を読んでいるあなたは，そのようにならない人になって下さい。そして急流の中で飲み込まれている人に手を差しのべて欲しいのです。

　これからの教師は今までの価値観や，やり方を激変しなけれ

ばなりません。いままでの延長上では対応出来ません。大変だと思います。しかし，私は必要だと思っています。

　目の前にいる子どもは今までとは違った世界で何十年も働き，生きなければなりません。我々教師は，その日の授業，１年の担任というレベルではなく，教え子の一生の幸せという視点で授業を考えるべきなのです。アクティブ・ラーニング，そして，それに関わる一連の施策は劇薬ですが，飲まねばならぬ薬です。子どもたちのために飲みましょう。

　激流の中で自らの船を沈没させず，自らの行きたいところに進ませるためには，激流より早く進まなければなりません。私はそのお手伝いをします。

　皆さんは「近代学校教育制度の始まり」，「戦後の教育の始まり」に続く３番目の激動の教育界を生きる世代です。みなさんがこれからの50年，100年の教育を生み出す世代なのです。

　本書を手に取っている方は，強い願い，思いがあります。その実現のためにもがいていると思います。普通の時代だったら，それらはかなわないかもしれません。しかし，みなさんはそれを実現できる世代なのです。ピンチはチャンスです。これからの激変の時代を楽しみましょう。

【著者紹介】

西川　純（にしかわ　じゅん）

1959年東京生まれ。筑波大学生物学類卒業、同大学院（理科教育学）修了。博士（学校教育学）。臨床教科教育学会会長。上越教育大学教職大学院教授。『学び合い』（二重括弧の学び合い）を提唱。

【著書】

『クラスが元気になる！『学び合い』スタートブック』（学陽書房，2010年），『クラスと学校が幸せになる『学び合い』入門』（明治図書，2014年），『気になる子への言葉がけ入門』（明治図書，2014）年，『子どもたちのことが奥の奥までわかる見取り入門』（明治図書，2015年），『子どもが夢中になる課題づくり入門』（明治図書，2015年），『簡単で確実に伸びる学力向上テクニック入門』（明治図書，2015年），『子どもによる子どものためのＩＣＴ活用入門』（明治図書，2015年）他多数。

イラスト：木村　美穂

THE 教師力ハンドブックシリーズ
アクティブ・ラーニング入門
〈会話形式でわかる『学び合い』活用術〉

2015年8月初版第1刷刊 ©著者	西　川　　　純
2016年3月初版第7刷刊	発行者　藤　原　久　雄
	発行所　明治図書出版株式会社

http://www.meijitosho.co.jp
（企画・校正）及川　誠

〒114-0023　東京都北区滝野川7-46-1
振替00160-5-151318　電話03(5907)6704
ご注文窓口　電話03(5907)6668

＊検印省略　　　組版所　藤原印刷株式会社

本書の無断コピーは、著作権・出版権にふれます。ご注意ください。

Printed in Japan　　　ISBN978-4-18-192010-4
もれなくクーポンがもらえる！読者アンケートはこちらから →

THE教師力シリーズ

THE ほめ方・叱り方

堀 裕嗣 編　「THE教師力」編集委員会 著

子どものやる気を引き出す！ほめ方・叱り方の極意

教師の言葉がけにおいて「ほめること」「叱ること」の2つは双璧です。時宜をはずさずにほめること、しっかりと叱ることの2つのバランスが取れていないと、教師の言葉がけは機能しません。ほめ方・叱り方のポイントについて、多様な実践例でわかりやすくまとめました。

四六判 144 頁
本体 1,660 円+税
図書番号 3478

THE教師力シリーズ

THE 説得 〜学級指導編〜 〜生徒指導編〜

堀 裕嗣 編　「THE教師力」編集委員会 著

教師の武器は「言葉」と「表情」だ！

教師の武器はたった二つ。即ち「言葉」と「表情」です。学級づくりや生徒指導の山場で子ども達に語る時、教師はどんな「表情」と「言葉」で語りかけるのか。ある時は穏やかに、ある時は和やかに、ある時は毅然とした表情で。子どもたちの心に響く語りかけの妙が、ここにあります。

四六判 128 頁
本体 1,560 円+税
図書番号 3482, 3483

THE教師力シリーズ

THE 『学び合い』

今井清光 編　「THE教師力」編集委員会 著

「学びあい」成功の秘訣を18人の実践家が伝授！

『学び合い』成功の秘訣はこれだ！『学び合い』の考え方・基礎基本から、小学校、中学校、高校の校種別の取り組み、理科や数学、英語など教科別の特色ある授業づくりまで。そのポイントを紹介しました。『学び合い』のスタート、始めの一歩に必携のガイドブックです。

四六判 136 頁
本体 1,600 円+税
図書番号 3486

THE教師力シリーズ

THE 特別支援教育 〜特別支援学校・特別支援学級等編〜

青山新吾 編　「THE教師力」編集委員会 著

特別支援学校、特別支援学級、通級指導におけるポイント

「共生社会」に向け、インクルーシブ教育システム構築がすすめられる中、通級による指導、特別支援学級、特別支援学校といった一人一人の子どものニーズに応じた多様な学びの場での取り組みはとても重要です。通常学級との交流など、そのポイントについてまとめました。

四六判 72 頁
本体 960 円+税
図書番号 3484

明治図書　携帯・スマートフォンからは **明治図書ONLINE へ**　書籍の検索、注文ができます。▶▶▶

http://www.meijitosho.co.jp　＊併記4桁の図書番号（英数字）でHP、携帯での検索・注文が簡単に行えます。

〒114-0023　東京都北区滝野川 7-46-1　ご注文窓口　TEL 03-5907-6668　FAX 050-3156-2790

＊価格は全て本体価格表示です。

明日からの学級づくりがこの1冊で変わる！

学級を最高のチームにする極意
いじめに強いクラスづくり
予防と治療マニュアル 中学校編
赤坂 真二 編著

いじめのない教室は無い。いじめに強いクラスづくりこそ鍵。

「予防編」「治療編」「いじめ指導の極意」の3つの切り口で、いじめに強いクラスづくりといじめ指導の秘訣を伝授。中学校における様々な指導場面で、実際に投げかけた言葉や対応、子どもの反応をリアルに再現。

A5判 152頁
本体 1,700円+税
図書番号 1855

学級を最高のチームにする極意
いじめに強いクラスづくり
予防と治療マニュアル 小学校編
赤坂 真二 編著

子どもが主役となるいじめ予防とは？いじめ指導の極意

「予防編」「治療編」「いじめ指導の極意」の3つの切り口で、いじめに強いクラスづくりといじめ指導の秘訣を伝授。小学校における様々な指導場面で、実際に投げかけた言葉や対応、子どもの反応をリアルに再現。

A5判 148頁
本体 1,660円+税
図書番号 1854

学級を最高のチームにする極意
自ら向上する子どもを育てる
学級づくり
成功する自治的集団へのアプローチ
赤坂 真二 編著

学級を子どもが自立し動く最高のチームにする秘訣を伝授！

先生が頑張る学級づくりから、子ども達が自ら動き進める学級づくりへ。子どもに勇気を与え「自ら動く力」をつけるチャンスはここにある！集団づくりの秘訣からクラス会議・自由討論まで。「学級を自治的集団に育て、最高のチームにする」ポイントを豊富な実践例で紹介。

A5判 200頁
本体 1,960円+税
図書番号 1851

学級を最高のチームにする極意
思春期の子どもとつながる
学級集団づくり
赤坂 真二 編著

やんちゃ坊主や高学年女子との関係づくりと指導の秘訣！

「あの先生は、なぜあの子とよい関係がつくれているのだろう？」そこには、やんちゃ坊主や高学年女子とつながる秘訣があります。何かと難しい思春期の子どもとのつながり方・指導の方法について、具体的なエピソードを豊富に紹介しながら、そのポイントをまとめました。

A5判 152頁
本体 1,700円+税
図書番号 1858

明治図書 携帯・スマートフォンからは **明治図書ONLINE** へ 書籍の検索、注文ができます。　▶▶▶

http://www.meijitosho.co.jp ＊併記4桁の図書番号（英数字）でHP、携帯での検索・注文が簡単に行えます。

〒114-0023 東京都北区滝野川7-46-1　ご注文窓口　TEL 03-5907-6668　FAX 050-3156-2790

＊価格は全て本体価格表示です。

THE教師力ハンドブック
教師力入門

堀 裕嗣 著

教師に必要な20の力とそのポイントを徹底解説!

教師に必要な力は学級経営と授業づくりだけじゃない!いじめなどの問題にかかわる「生徒指導」や「ほめ方叱り方」、子どもの「評価」から合唱コンクール等の「行事指導」、「校内研修」まで。教師に求められる20の力とそのポイントを丁寧にわかりやすく解説しました。

四六判
本体 1600 円+税
図書番号 1679

THE教師力ハンドブック
生徒指導入門

寺崎賢一 著

生徒指導の基礎基本と成功の極意を1冊に!

ブレない生徒指導の極意とは?生徒指導は、学級づくりや教科指導などあらゆる指導の土台となります。子どもの心の中をとらえ、ブレのない毅然とした指導が、子ども達をよい方向に感化していくのです。生徒指導の基礎理論と成功の極意をまとめた、必携の入門書です。

四六判
本体 1300 円+税
図書番号 1678

THE教師力シリーズ
THE 合唱コンクール

石川 晋 編 「THE教師力」編集委員会 著

私はこうして合唱コンクールを成功に導いた!

学校の風物詩とも言える「合唱コンクール」。一口に合唱コンクールと言っても、学校の規模や学級の状態、また指導する側の経験などによって、その取り組み方も様々です。合唱コンクール、合唱指導の様々な取り組みやアイデアを全国の先生方からご提案いただきました。

四六判
本体 960 円+税
図書番号 3476

THE教師力シリーズ
THE 保護者対応
～小学校編～

多賀一郎・大野睦仁 編 「THE教師力」編集委員会 著

保護者の信頼を勝ち取るポイントはこれだ!

「保護者対応の大切なポイントとは?」低学年の関係づくりのスタートから、子どもが学校のことをあまり話さなくなる中～高学年のポイント、苦情・クレームの多い保護者との関係づくりまで。「保護者と双方向の信頼を築く」ポイントを多様な実践例をまじえて紹介します。

四六判
本体 1700 円+税
図書番号 3477

明治図書 携帯・スマートフォンからは **明治図書 ONLINE へ** 書籍の検索、注文ができます。▶▶▶

http://www.meijitosho.co.jp ※併読4桁の図書番号(英数字)でHP、携帯での検索・注文が簡単に行えます。

〒114-0023 東京都北区滝野川7-46-1 ご注文窓口 TEL 03-5907-6668 FAX 050-3156-2790

＊価格は全て本体価格表示です。

THE教師力ハンドブック

クラス会議入門

赤坂真二 著

アドラー心理学の理論に基づいた「クラス会議」の始め方と成功の秘訣について解説した入門書。「準備・立ち上げ方」から「クラス会議の流れ」「議題の提案・集め方」「解決策の振り返り」まで。子どもに力をつけ成功に導く道筋をわかりやすく丁寧にナビゲートします。

四六判
本体 1660 円+税
図書番号 1668

学級経営サポートBOOKS

子どもを自立へ導く 学級経営ピラミッド

大前暁政 著

「あの先生の時は頑張っていたのに…。」教師に頼らず自分で判断・行動できる子どもを育てるには、どの段階からスタートし、どのレベルまで伸ばすかをイメージすることが大切。子どもを「自立」へ導く学級づくりの秘訣を、余すところなく伝授。この1冊で学級が変わる!

A5判
本体 1960 円+税
図書番号 1820

THE教師力シリーズ

THE 見える化

藤原友和 編　「THE教師力」編集委員会 著

可視化することで効果をあげる「見える化」実践を集めた実践集。「音声言語に焦点化する」「ICTを活用する」「説明文の図解に特化する」「単元全体を貫いて、学習過程を見える化する」など、現場で効果をあげている最新の実践を具体的な流れとともに紹介しました。

四六判
本体 960 円+税
図書番号 3479

スペシャリスト直伝! 子どもの心に必ず届く

言葉がけの極意

西村健吾 著

気になる子もハッとする「厳しいけどユーモアのある」言葉。ピンチをチャンスに変える「子ども達の心に灯をともす」言葉。子どもの心に届く言葉がけは、直球だけが全てじゃない!現場での実践で磨き抜かれた"子どもの心を前向きにする"言葉がけの極意を場面別に伝授。

A5判
本体 1800 円+税
図書番号 1354

明治図書　携帯・スマートフォンからは **明治図書 ONLINE へ** 書籍の検索、注文ができます。　▶▶▶

http://www.meijitosho.co.jp　＊併記4桁の図書番号（英数字）でHP、携帯での検索・注文が簡単に行えます。

〒114-0023　東京都北区滝野川7-46-1　ご注文窓口　TEL 03-5907-6668　FAX 050-3156-2790

＊価格は全て本体価格表示です。

会話形式でよくわかる！入門書シリーズ

THE 教師力ハンドブック 気になる子への
言葉がけ入門　西川 純 著
会話形式でわかる『学び合い』テクニック

**無理だと諦めない！
あの子を変える言葉がけ**

「なぜ、学校で勉強するの？」無理だとあきらめていた「あの子」を変える、簡単だけど強力な"言葉がけ"に関する三つのノウハウ。『学び合い』を応用して編み出された子どもへの言葉がけの秘訣について、会話形式をまじえてわかりやすくまとめました。『学び合い』を応用した言葉がけの秘訣が満載です。

図書番号1662／四六判
本体1,600円＋税

THE 教師力ハンドブック クラスと学校が幸せになる
『学び合い』入門　西川 純 著
会話形式でわかる『学び合い』テクニック

**『学び合い』って何？
よくわかる入門書決定版**

『学び合い』って何？そんなあなたにぴったりの、最高に分かりやすい解説書。『学び合い』は「教えない」授業形式です。いいえ、違います。「一人も見捨てない」という考え方なのです。今、全国で広がりを見せる『学び合い』の神髄を会話形式でまとめた、わかりやすさを追究した入門書の決定版！

図書番号1661／四六判
本体1,600円＋税

THE 教師力ハンドブック 子どもたちのことが奥の奥までわかる
見取り入門　西川 純 著
会話形式でわかる『学び合い』テクニック

**子どもは別な物を見ている？
気になるあの子の見取り方**

「あの子がなぜ？」「子どもが考えていることがわからない」。そんな悩みを解決する、簡単だけど強力な"見取り"に関する三つのノウハウ。気になるあの子から、集団の見取りまで。『学び合い』を活用した名人レベルの見取りの極意を、会話形式をまじえてまとめました。

図書番号1664／四六判
本体1,600円＋税

THE 教師力ハンドブック 子どもが夢中になる
課題づくり入門　西川 純 著
会話形式でわかる『学び合い』テクニック

**子どもたちが熱中！
意欲を生み出す課題づくり**

「達成したいことは何？」子どもたちに「やろう！」と思わせる簡単だけど強力な"課題づくり"に関する三つのノウハウ。課題はシンプルに明確に"など通常の授業でも生かせる『学び合い』を応用した課題づくりの神髄について、会話形式でわかりやすくまとめました。

図書番号1663／四六判
本体1,600円＋税

THE 教師力ハンドブック 子どもによる子どものための
ICT活用入門　西川 純 著
会話形式でわかる『学び合い』テクニック

**子どもたちに「やろう！」と
思わせるICT活用の極意**

「ICT活用は誰のため？」ICT活用の可能性を拡げ、危険性を下げる簡単だけど強力な「ICT活用」に関する三つのノウハウ。子ども達に「やろう！」と思わせ、主体的に動く『学び合い』を応用したICT活用法について、会話形式でわかりやすくまとめました。

図書番号1688／四六判
本体1,600円＋税

THE 教師力ハンドブック 簡単で確実に伸びる
学力向上テクニック入門　西川 純 著
会話形式でわかる『学び合い』テクニック

**目からウロコの向上策！
学力を簡単に伸ばす秘訣**

「少人数指導では学力は上がらない」一生懸命取り組んでも、なぜ効果が出ないのか。そもそも学力とは」に立ち戻った、学力を簡単で確実に伸ばす三つのノウハウ。『学び合い』を応用した学力向上テクニックについて、会話形式をまじえてわかりやすくまとめました。

図書番号1665／四六判
本体1,600円＋税

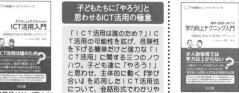

明治図書　携帯からは**明治図書MOBILEへ**　書籍の検索、注文ができます。▶▶▶
http://www.meijitosho.co.jp　＊併記4桁の図書番号（英数字）でHP、携帯での検索・注文が簡単に行えます。
〒114－0023　東京都北区滝野川7－46－1　ご注文窓口　TEL 03－5907－6668　FAX 050－3156－2790